中华文脉
SINIC CONTEXT

从中原到中国

王战营／主编

中华文脉
SINIC CONTEXT

从中原到中国

王战营 / 主编

国宝中的黄河文明

张得水　武　玮　主编

中原出版传媒集团
中原传媒股份公司
大象出版社
· 郑州 ·

图书在版编目（CIP）数据

国宝中的黄河文明 / 张得水，武玮主编. —郑州：大象出版社，2022.3
（中华文脉：从中原到中国）
ISBN 978-7-5711-1294-3

Ⅰ. ①国… Ⅱ. ①张… ②武… Ⅲ. ①黄河流域－文化史－研究 Ⅳ. ①K292

中国版本图书馆CIP数据核字(2021)第275216号

国宝中的黄河文明
张得水 武 玮 主编

出 版 人：汪林中
选题策划：张前进 管 昕
责任编辑：杨 兰
封面设计：王莉娟
内文设计：付锬锬
责任校对：安德华 牛志远

出版发行：大象出版社（郑州市郑东新区祥盛街27号 邮政编码 450016）
发行科 0371－63863551 总编室 0371－65597936
网 址：www.daxiang.cn

经 销：各地新华书店经销
印 刷：北京汇林印务有限公司
开 本：720mm×1020mm 1/16
印 张：18.5
字 数：232千字
版 次：2022年3月第1版 2022年3月第1次印刷
定 价：78.00元

若发现印、装质量问题，影响阅读，请与承印厂联系调换。
印厂地址 北京市大兴区黄村镇南六环磁各庄立交桥南200米（中轴路东侧）
邮政编码 102600 电话 010－61264834

前言

发源于青藏高原巴颜喀拉山北麓约古宗列盆地的黄河，从涓涓细流，到奔腾入海，自西向东分别流经青海、四川、甘肃、宁夏、内蒙古、陕西、山西、河南及山东9个省区。她所流经的区域，横跨了我国第一、第二和第三级阶梯地貌，从青藏高原下切黄土高原，流向一望无际的东部平原；她的形成，源自数十万乃至上百万年间地质构造、地貌、气候的变化和水文变化，历经印度洋板块和亚欧大陆板块碰撞、挤压，青藏高原的隆升，冰川的融合，最终形成气势磅礴的中国第二大河。

大河奔流，生生不息。她为我们所呈现的，不仅仅是壮美的风景，惊涛骇浪的千古奇观，更为重要的是她所蕴藏的深邃的文化和精神。这条文化之河、文明之河，历经漫长的历史积淀，已成为中华民族的象征；其百折不挠、自强不息、和合万物的文化精神，已融入中华民族的血脉之中，成为精神之河的不竭源泉。

黄河文化源远流长。早在遥远的石器时代，黄河流域即是中华远古先民活动的主要历史舞台，也是中国早期文化形态的主要诞生地。在旧石器时代，黄河流域便出现了山西芮城西侯度猿人、襄汾丁村早期智人，陕西蓝田猿人、大荔猿人，内蒙古鄂尔多斯萨拉乌苏“河套人”、乌审旗大沟湾晚期智人，河南栾川孙家洞“栾川人”、许昌灵井“许昌人”，等等。其中，生活在黄河岸边的西侯度猿人，距今有180万年之久，是目前我国境内发现最早的猿人。其后，100万年前的蓝田猿人和30万年前的大荔猿人在黄河岸边捕鱼狩猎，繁衍生息；7万年前山西襄汾丁村早期智人、3万年前内蒙古乌审旗大沟湾晚期智人，奏响了古老黄河文明的序曲。

进入新石器时代，在黄河的上中下游，黄河的儿女们在黄河水的滋养下，一步步走出蒙昧，向文明迈进。位于黄河上游的黄河、湟水河、大通河三河之间的河湟地区，在距今6000年左右，进入马家窑文化时期。在河流两岸的台地上，长期居住着以原始农耕经济为主的先民，他们以生产彩陶见长，别致的陶器造型、精美的图案、繁缛的纹饰，充分彰显了先民惊人的艺术审美和表现力。仅乐都柳湾墓地一处，就出土彩陶17000余件，被誉为“彩陶王国”。距今4000—3600年，河湟地区进入齐家文化时期。红铜器和青铜器的出现，表明当时的人们已经认识了金属的性能，标志着生产力水平有了新的飞跃，宣告历史进入了青铜时代。青海民和官亭镇的喇家遗址，被称为“东方庞贝”，为我们展现了一个毁于地震或洪水灾难的巨大聚落或城邦古国场景，是黄河儿女历经苦难与抗争的重要实证。位于黄河“几”字弯的河套地区，三面环河，涵盖了银川平原、鄂尔多斯高原和黄土高原的部分地区，汇聚了内地农耕文化与漠北草原文明，并将其融为一体，培育了黄河文化中的一支——河套文化的鲜明特色和个性。早在距今七八千年前阴山的东段，已出现以“裕民文化”命名的新石器时代文化。在北起大青山、南至陕北，西起贺兰山、东至岱海的广大区域，发现了距今 7000—5000 年仰韶文化早、中、晚期的系列遗存；距今 5000—4000 年，在黄河东流和南流的河水两岸及陕北等地，密集分布有龙山文化遗存，尤其是陕北的神木石峁遗址，是河套地区一处龙山晚期至夏代早期的超大型中心聚落。发现的古城由皇城台、内城和外城三座基本完整并相对独立的石构城垣组成。城外分布数座人工修筑的“哨所”类建筑遗迹，总面积有 400 万平方米以上，城墙有类似后代的瓮城、马面、角楼等防御设施，古城最高处是已具备早期“宫城”性质的皇城台，皇城内石墙底部发现了数十个兽面石雕，并出土了大量的精美玉器等，这些都展现出石峁古城在公元前 2000 年前后超乎人们想象的文明程度，也为中国文明起源提供了全新的研究资料，为新石器时代中国北方地区与欧亚草原双向、多重、频繁的技术交流和文化互动研究提供了实证。位于黄河中游的中原地区，在距今 1 万年前后，已进入新石器时代。主要分布于渭河平原、关中盆地的大地湾文化，发现了距今 8000—7000 年的栽培黍、原始建筑及早期的彩陶等，代表了华夏先民在黄河流域的文明贡献；而分布于河南境内黄河两岸的裴李岗文化，在距今 9000—7000 年，同样拥有了粟作、稻作兼备的原始农业和畜牧业，以及定居的房屋建筑，而且使用契刻龟甲、响石、骨笛、象牙雕板、牛骨叉形器、绿松石等宗教、艺术用器，已经具有超乎我们想象的丰富的精神世界。距今 7000—5000 年，在黄河中游是仰韶文化的一统天下。以豫西、晋南、陕东为中心，东起豫东平原，西抵甘青地区，北至阴山南北，南达江汉地区，这个广大区域成了仰韶文化的世界。半坡遗址、姜寨遗址、杨官寨遗址、庙底沟遗址、西坡遗址、双槐树遗址、大河村遗址等地的考古工作揭开了这个世界的神秘面纱。多重环壕围护的中心聚落，以中心广场、大房子、公共墓地等为主要构成的聚落结构，工艺成熟的、具有礼仪性质的彩陶，以农耕为主的生产工具的改进，墓葬随葬品所表现的贫富分化，似乎让我们感受到了文明的脚步声。距今四五千年间，在黄河中游及其支流，考古又发现山西襄汾陶寺，河南登封王城岗、新密古城寨、淮阳平粮台等龙山时代的古城，耸立的夯筑城墙、城内的大型建筑、不同质地的礼器及组合，预示着一个文明时代的即将来临。位于黄河下游的海岱地区，从距今约8500—7500年的后李文化开始，历经北辛文化、大汶口文化、龙山文化、岳石文化，从远古的蛮荒到定居农业，从粗糙的石器到工艺精湛的玉器，从简单的粗制陶器到精美绝伦的蛋壳黑陶，文化发展谱系脉络清晰，成为黄河文明的重要源头。

进入文明时代，黄河流域以中原为中心，展开了一幕波澜壮阔的文明发展史。自然环境和文化发展的优势，使洛阳盆地、关中平原成为王国文明时期夏、商、周三代王朝的统治中心。尤其是以洛阳为中心的河洛地区，成为“三代之居”。在这里形成的灿烂的青铜文明、完备的礼乐制度、影响深远的元典文化等，奠定和形成黄河文明乃至华夏文明的根基和主干。黄河上游的甘青地区，在距今4000年前后就已出现了青铜器，在青铜文明发展中扮演着重要角色。商周时期，随着中原中心地位的建立，甘青地区在文化的交流和融合中大量吸收中原文化因素，以及来自欧亚草原和中国北方草原的文化因素，形成多种文化并存的文化形态，成为黄河文化具有包容、多元性的重要实证。黄河下游的东夷文化，在三代时期与夏、商、周文化渐次融合，并最终汇入华夏文化的主体。尤其是西周以后中原文化与东夷文化相结合而形成的齐鲁文化，成为黄河文化重要的代表之一。从秦汉开始，中国历史进入帝国时代。黄河文化在中华文化发展的大格局中，历经统一和短暂的分裂割据，跌宕起伏，在与长江文明、草原文明、海洋文明、西域文化等文明的交流与碰撞中一路前行，黄河的九曲盘绕，黄河儿女百折不挠的坚强韧性，铸就了黄河之魂。黄河文化以春风化雨、润物无声的强大力量，实现与多元文化的交融，并终能传承赓续，连绵不绝。也正因为此，在黄河的两岸，在她流经的每一片土地上，都留下了丰富的文物古迹，成为后人缅怀先民伟大的精神与创造、激发民族文化自信的宝贵财富。

2019 年 9 月 18 日，习近平总书记在河南主持召开黄河流域生态保护和高质量发展座谈会，着重强调“黄河文化是中华文明的重要组成部分，是中华民族的根和魂”。要推进黄河文化遗产的系统保护，深入挖掘黄河文化蕴含的时代价值，讲好“黄河故事”，延续历史文脉，坚定文化自信，为实现中华民族伟大复兴的中国梦凝聚精神力量。响应总书记号召，2019 年 12 月，由河南博物院提出倡议，由青海省博物馆、四川博物院、甘肃省博物馆、宁夏回族自治区博物馆、内蒙古博物院、陕西历史博物馆、山西博物院、河南博物院和山东博物馆共同发起，由黄河沿线 9 省区 45 家博物馆（院）参与的黄河流域博物馆联盟宣告成立。联盟的主要工作是在流域博物馆间开展陈列展览、文物保护、科学研究、人才培训等方面的合作与交流，旨在用实际行动推进与落实黄河文化的保护、传承和弘扬，自觉成为黄河文化保护的引领者与弘扬者、黄河文化传播的讴歌者与践行者、黄河文化繁荣的见证者与参与者。《国宝中的黄河文明》一书便是合作的成果之一。

黄河文化在长达数千年的发展中，文明的成果浩如烟海，灿若星辰。这里我们所撷取的 9 件国宝级文物，分别来自黄河沿线 9 个不同的省区，它们是黄河文明的优秀代表。通过对它们的讲述，我们试图揭示黄河文化孕育的农耕文明、青铜文明、礼乐文明、丝路文明。出土于青海省同德县宗日遗址的舞蹈纹彩陶盆，其精致的造型、踏歌而舞明快的节奏，使我们依稀看到河之源古老先民们和谐自然的生存状态和乐观向上的精神面貌。甘肃省博物馆藏的人头形器口彩陶瓶，集彩陶、雕塑、造型于一身，浓缩了先民的审美情趣及其丰富的文化内涵，仿佛在向我们诉说一个发生在黄河岸边的古老故事。郑州大河村遗址出土的彩陶双连壶，其别致的造型、古朴流畅的彩绘线条，表现了5000多年前大河之滨古老先民们先进的制陶水平。他们白天在黄土地里耕种收获，在山野水旁狩猎捕鱼，晚上仰望星空，结盟或举行重大礼仪活动，举壶对饮，拥抱自然的情怀，豪迈的气质，不懈的创新精神，早已注入黄河儿女的血脉之中。山东博物馆珍藏的蛋壳黑陶杯，出土于山东潍坊姚官庄龙山文化遗址。其“薄如纸、硬如瓷、明如镜、黑如漆”的特性至今难以超越，创造了一个时代的奇迹，堪称海岱地区古陶的巅峰之作。黄河下游古东夷人的聪明智慧、精益求精的制作工艺凝聚于一器之上，它所承载的是崇鸟尚黑的古东夷人纯真的信仰和对美好生活的追求与向往，也是东方齐鲁文化文明进步的象征。山西省曲沃县北赵村晋侯墓地出土的鸟尊，上昂的凤首，凝视的圆睛，直立的高冠，内卷上扬的象鼻形尾，以及华丽的云纹、羽纹等装饰纹样，表现出高超的青铜铸造技艺，是黄河流域青铜文明的杰出代表，同时也是周文化与晋文化渊源的连接器，是两周时期黄河流域灿烂文明的象征。出土于成都平原的嵌错宴乐水陆攻战纹铜壶，既是巴蜀文化的代表，又是四川地区与黄河流域文化交流、黄河流域对四川地区文化输出的历史见证物。尤其是壶上的纪实性人物画像纹，是中原文化礼制、文化习俗、社会生活等的具象化的表现。内蒙古和林格尔新店子汉墓壁画，其画面之多、内容之丰、榜幅之多，为目前全国汉代壁画墓之最，形象地反映出东汉时期我国北方多民族居住地区的阶级关系、民族关系和社会生活面貌，展现了蒙古高原游牧文明与中原农耕文明的密切互动、东西文化的频繁交流，是反映黄河文化精神的鲜活样板。宁夏盐池县窨子梁唐墓群出土的石刻胡旋舞墓门，其上刻画两个旋转翻腾的舞者形象。来自中亚的胡旋舞者，将中亚的音乐、舞蹈及其他文化带入西北边塞宁夏地区并向中原及其他地区传播，见证了黄河文化发展中与中亚文化的交流与互鉴，是中华民族多元一体发展进程的缩影，展示了黄河文化兼容并蓄、海纳百川的胸襟与气魄。而西安西郊中堡村唐墓的三彩载乐骆驼俑被公认为是当今众多再现唐代丝绸之路文化交流的文物中最具特色的珍品之一。由 7 位乐师、1 位歌伎组成的驼上乐队，胡汉一体，他们奔波于沙漠之路，穿梭于长安、洛阳繁华都市，表现的是一组不同地域、不同民族、不同肤色、不同职业的中外下层人士共同写就的表现丝绸之路中外文化交流的立体雕塑群像。绚丽的三彩骆驼和所承载的，是开放包容的盛唐气象，是高度的文化自信，是黄河文化精神的高度概括。

黄河上下数千年的文明发展，深深扎根于农耕文化的基础之上，黄河文明的主要特征之一就是农耕文明。黄河，这个大自然献给中华民族的赠礼，在她的沿岸和流经的区域，早在距今七八千年前已经有了原始的农业，已经开始了栽培黍、粟、稻的历史，历经石器、铜器和铁器时代，农耕文明的因子渗透到政治、经济、文化、思想等社会生活的方方面面，构成中华文明最重要的文化基因，因此，黄河文明具有了文化的正统性与根源性特征。一件件精美的陶器、青铜器背后，均离不开农耕文明光芒的绽放。黄河文明同时又是一脉相承、连续发展的。无论是在上游，还是中下游地区，文化谱系自成序列，最终汇流成一条永不干涸的历史长河。上中下游文化的交流与吸纳，黄河与长江文明的交融与合流，黄河文明与草原文明的碰撞，黄河文明与中亚西亚等文明的互鉴，等等，培育了黄河文明博大的胸怀，海纳百川，有容乃大。她融汇外来，吞吐万有，形成一个富于包容性的开放系统。创新是贯穿于黄河文化发展过程的永恒主题。黄河流域的先民们在与大自然的和谐共生中，在长期的生产生活实践中，逐渐形成了勇于探索、不断创新的伟大精神。他们把这种精神凝固到一件件精美的艺术作品之中，万世承传。

9 件文物，9 个故事，从繁盛的汉唐帝国追溯到遥远的石器时代，从黄河源到入海口，我们试图勾勒黄河文明发展演进的轨迹，但是无论如何，这只能是冰山之一角。黄河文明的博大精深，需要我们代代书写。然而透过这 9 件文物，似乎我们又触摸到了黄河文化的根与魂。

张得水

目录

青海

跄跄济济 连臂踏歌

——马家窑文化舞蹈纹彩陶盆

青海，简称“青”，雄踞在世界屋脊青藏高原的东北部，黄河自这里发源。卡日曲、约古宗列曲、“山岩缝中的水流”扎曲……聚成沼泽，汇成溪流，集百川而成为奔腾不息的黄河。黄河在青海境内流经 16 个县域，流域面积达 15.3 万平方千米，占黄河流域总面积的 19.1%。

青海境内的黄河两岸，孕育了无数早期文明，宗日文化、齐家文化、卡纳文化、诺木洪文化……星罗棋布。舞蹈纹彩陶盆是生活在宗日的先民抟土成器，以松石为装饰，以彩陶为器具，以神鸟为图腾，把他们的生活融入黄河的水土，把人类文明童年时期最原始纯真的舞姿留在彩陶盆上，记述的黄河岸边最动人的歌谣。

跄跄济济　连臂踏歌

——马家窑文化舞蹈纹彩陶盆

舞蹈纹彩陶盆出土于宗日遗址，泥质红陶，高 12.5 厘米，口径 22.8 厘米，敛口，卷沿，小平底，黑彩纹饰。口沿处有成组的对顶三角纹和成组的斜线纹，外壁绘有三道平行弦纹。两组舞蹈人像手拉手沿着陶盆内壁围成一个圆圈载歌载舞，一组 11 人，另一组 13 人，共 24 人。人物纹的头部用圆点来表现，颈与身子为一体，用一笔画成，臀部以一个大圆点来表示。人物之间以竖列平行弧线纹、斜线纹、圆点纹相隔，人物的脚下饰有四条平行弦纹。这些人物形象生动传神，极富艺术感染力。文物总体呈现出一幅生动形象的集体舞画面，静态中透着灵动，古朴中蕴藏着洒脱，隐隐弥漫出一种远古文化的神韵。

这件堪称国宝的马家窑文化舞蹈纹彩陶盆是黄河上游宗日遗址出土的彩陶，是河湟地区古老文明长卷上的一颗明珠。河湟地区自古以来是青海地区政治、经济、文化中心，青海黄河文化的典型代表即是河湟文化。河湟地区泛指黄河及其支流湟水河、大通河之间的广阔地域，史称“三河间”。这里山河交错，形成高山、峡谷、盆地共同构成的高原河谷地貌特征，使河湟文化拥有了独具特色的高原河谷文化

舞蹈纹彩陶盆　马家窑文化　1995 年 7 月出土于青海省同德县宗日遗址 M157

特质；河湟地区自古以来就是多元民族文化交流与联系的门户和通道，是汉族儒道文化，藏、蒙古、土族藏传佛教文化，回、撒拉族伊斯兰教文化汇聚与交流的地方，多元民族宗教文化的共存、交流与互融，使其具有了开放、多元、包容的文化特质；河湟文化传统中“和而不同”的文化理念，对河湟人的价值观、思维方式和道德规范等产生着深远影响。同时，特殊的高原环境培育了河湟人吃苦耐劳、开拓进取、兼容并蓄的诚信务实精神，成为河湟地区对外重要的精神名片。

河湟地区古文化遗址、遗迹灿若星辰，如颗颗珍珠，镶嵌在河湟广袤的土地上。仰韶文化庙底沟类型，马家窑文化石岭下类型、马家窑类型、半山类型、马厂类型，齐家文化，辛店文化，卡约文化等遗存广泛分布，出土了大量的不同文化类型的精美彩陶，河湟地区俨然成为史前彩陶的制作中心，这些彩陶承载着先民的远古记忆与审美情趣。河湟流域的彩陶无论在数量上还是在流行时间和内容上都极为持久与丰富，其中以马家窑文化彩陶最为精美。

舞蹈纹彩陶盆的出土背景

宗日遗址的由来

宗日遗址位于青海省海南藏族自治州同德县巴沟乡团结村，南临黄河。黄河淤积和自然降水冲积下来的马兰台地上的黄土，形成了约15平方千米的河谷平地，海拔高度2800—3000米，阳光充足，是黄河上游少见的一片沃土。遗址就分布在黄河北岸的第一和第二阶地上。

该遗址的命名经历了一番周折。早在1982年，青海省考古工作者高东陆、李国林、刘青彦、王国顺等在海南同德等地进行文物普查时首次发现了该遗址。三年后，高东陆同志撰写了《同德县巴沟乡兔儿滩马家窑文化半山类型遗址发现记》一文，发表于《青海考古学会会刊》第7期。这篇发现记他以一名考古工作者最朴实的心情表述了考察宗日遗址的艰辛和获得重大发现后的喜悦。当时，对该遗址的定名为“兔儿滩遗址”。在这里，黄河蜿蜒蛇行冲出两岸陡峭的峡谷之后折向西行，流速也减缓下来，在此留下了一片较大的冲积台地。一级台地高出现河面约10米，河南岸较宽，属于兴海县曲什安乡；河北岸较窄，属同德县巴沟乡。北岸的二级台地又高出约15米，更为广阔，但常年雨水冲刷，水土流失将台地前沿分割成长短、宽窄各不相同的一个个凸台，在北边则逐渐升高为塔拉隆山。在黄河北岸的二级台地上，自东向西依次有班多、团结、卡力岗三个自然村，相距2千米左右。村民们以种植农业为主，兼营少量畜牧业，因此一级和二级台地的稍为平坦之处已全部开垦为农田，冲沟两岸多栽植树木。自班多村西南

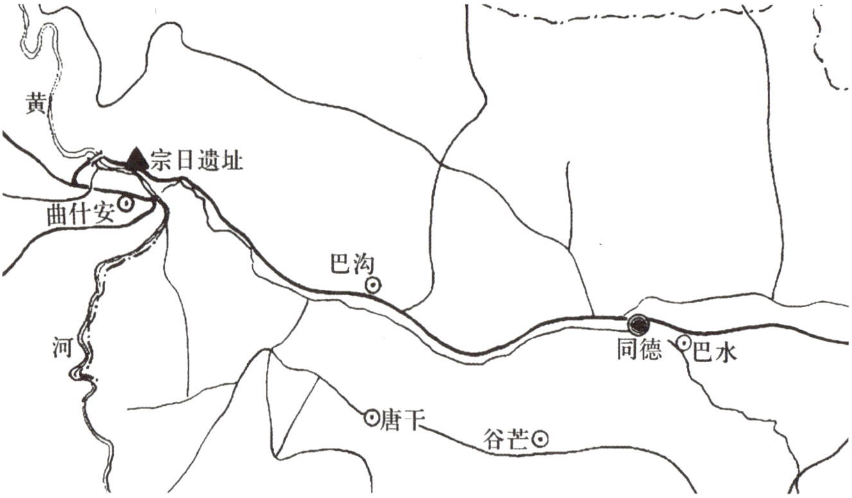

宗日遗址位置图

宗日遗址全景图（由南向北拍摄，以大沙沟为界，东西两侧分别标出了宗日遗址的主要分布区，即各坪台号）

部开始，到卡力岗村东南部结束，包括团结村南部的所有面向黄河的凸出台地上几乎都有遗迹或墓葬分布，总长度有5千米以上，是目前黄河上游发现的时代较早、面积最大、内涵极为丰富的一处新石器时代遗址。

团结村西有一条巨大的冲刷沟（季节性河流），沟西各台地属卡力岗村地界，沟东的一至四台地属团结村，第五台地及以东为班多村地界。文物普查时调查队发现及试掘过的地点在团结村东边，当时野草丛生，野兔及野鸡等动物栖息出没，向村民询问此处地名时，得到了一个信口而出的答复："兔儿滩。"这便是《同德县巴沟乡兔儿滩

马家窑文化半山类型遗址发现记》与《中国文物地图集·青海分册》中“兔儿滩遗址”的来历。1987年重点遗址复查时，因人员变动而不知1982年的调查地点，遍询当地村民竟无人明确指出“兔儿滩”之所在。倒是邻村的藏族村民记得附近有一地名为“托儿滩”，因此复查记录上便留下了“1982年普查为兔儿滩、1987年复查改为托儿滩”的备注，并且复查遗址登记中也使用了“托儿滩遗址”之名。其实，“托儿滩”为藏语“托勒塘”之音转，意为“小马驹滩”，地点在初次调查地点往北4千米处，并不属于该遗址范围。1994年遗址正式发掘时，考古队员对地名问题又做了一番调查：班多与卡力岗两藏族村庄系由化隆县迁来，已有一百多年历史；而团结村则始建于20世纪70年代，由来自四面八方的汉、回、藏等族组成，故名为“团结”，仅有四十余年历史，所以团结村村民对各处地名并不知晓。某一村民随口而说的兔儿滩一地，当地村民也不清楚，况且所谓的“兔儿滩”经调查仅是遗址范围的一小块，所以这一地名显然不合适。至于当地人们知道的“托儿滩”，因地点不同更不能使用。考古队员认为，只有广为当地人们知晓并使用、区域范围又相符合的地名，才可作为合适的遗址名称，卡力岗和班多村迁来时，便把黄河沿岸的这一片地域称为“宗日”，因此选择了“宗日”为遗址名称。

“宗日”，一个颇具考古意蕴的名称，就这样诞生了。在这里考古人员历经了执着与艰辛，一个全新的考古学文化——“宗日文化”被命名。研究证明地处黄河上游的“宗日”在远古时期也不曾是蛮荒之地，这与“宗日”的藏族语意“人群聚集的地方”不谋而合。另外，改“兔儿滩遗址”为“宗日遗址”的可行性在于，此前“兔儿滩遗址”仅在内部刊物《青海考古学会会刊》及《中国文物地图集·青海分册》上使用过两次，还未引起学术界的重视。几经波折，才有了现为众人

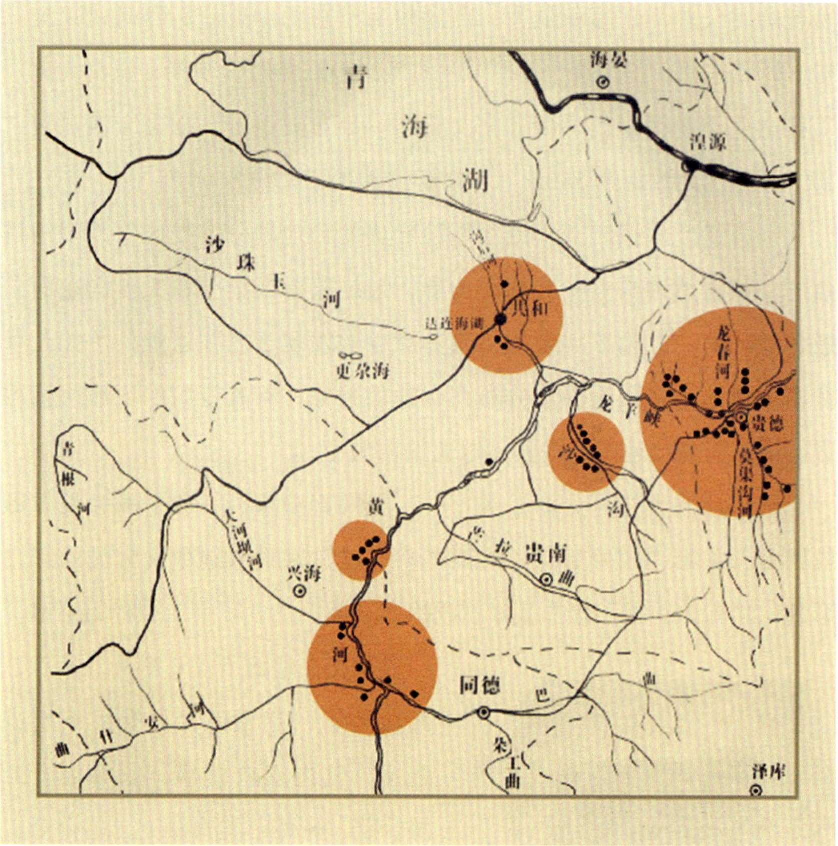

宗日文化遗址分布图

所知的宗日遗址。

宗日遗址的考古发掘

1994 年 6 月至 1996 年 10 月，青海省文化厅文物处组织考古队分三次对遗址进行正式发掘，共开挖探方 31 个，清理墓葬 341 座、灰坑 18 个、祭祀坑 18 个，出土文物 23000 余件，确认这是目前黄河上游发现的时代较早、面积最大、内涵较为丰富的一处新石器时代遗址。初步研究表明，宗日遗址是中国西北地区新石器时代晚期马家窑文化、宗日文化至青铜时代早期齐家文化的一处重要遗址。据碳十四测定，其绝对年代大致距今5600—4000年，延续了大约1600年。

宗日遗址发掘时，用流水侵蚀形成的台地划分发掘区，以团结村西的一条自然冲沟——大沙沟为界，遗址墓葬区集中在大沙沟东面二级台地的第一、第五坪台上，墓葬除少数发现于居住遗址外（如儿童瓮棺），绝大多数墓葬均分布在台地的边缘，有其专门的区域。墓葬方位多与所处台地走向垂直，以北偏西为主。

墓葬形制大体可分为三类：一、竖穴直壁墓，一般平面为长方形或圆角长方形，四壁竖直，地面平整，这是宗日墓地中最常见的墓穴形制，共有289座，约占墓葬总数的84.7%；二、带有二层台的墓室，一般是先在地面下挖0.2—0.5米后，四边留下一定宽度，再继续下挖成墓室，其内安放棺椁，成为生土二层台墓，另外一类为熟土二层台墓，即在长方形土坑内构筑好木椁，然后再在木椁外围用熟土回填踏实，这种带有二层台并置有棺椁的墓葬，规模一般较大，共有91座，约占墓葬总数的26.7%；三、侧室墓，即墓穴底部分为高低不一的左右两部分，一侧安置人骨架及随葬品，另一侧空无一物，中间或隔以木板，这类型墓一般规模较小。埋葬所使

宗日遗址M176二层台墓室结构

用的葬具主要有木椁、木棺、石棺、瓮棺等几种，特别是21座石棺墓的发现，对于探究我国石棺葬的起源问题具有非凡的意义。

宗日遗址中的341座墓葬中，能够看出葬式的墓葬有158座，骨架的摆放主要有以下几种：俯身直肢葬74座，约占47%；仰身直肢葬59座，约占38%；侧身直肢葬15座，约占10%；另有侧身屈肢葬5座，俯身屈肢葬4座，仰身屈肢葬1座。此外，在发掘过程中还发现墓地中存在墓祭、墓上标志及火葬等特殊现象。

宗日遗址 M180 侧室墓石棺结构

宗日遗址 M168 火焚木椁痕迹

宗日遗址中墓葬出土的随葬品种类比较繁多复杂，按质地来分，主要有陶、石、骨、铜器。据不完全统计，墓葬中共出土12691件文物，分类统计如下：

陶器约896件，占随葬品总数的7%，以生活用具为主，主要可以分为两组：一组是典型的马家窑文化陶器，几乎都是泥质彩陶，如著名的舞蹈纹彩陶盆（发掘编号M157：1）和二人抬物纹彩陶盆（发掘编号M192：2）；一组是主要分布在黄河上游共和盆地的所谓宗日式陶器，绝大部分为夹砂陶，包括夹砂彩陶，以绘紫红彩为特征，主要纹饰为多道横行连续折线纹和变形鸟纹，马家窑文化、宗日式的陶

二人抬物纹彩陶盆

器在宗日遗址共存，在海南藏族自治州共和盆地的一些遗址也有同样情况，关于这些马家窑文化陶器的来源一直是学术界争论的热点，目前有移民说、贸易说和仿制说等观点。

石器约5323件，约占随葬品总数的42%，可分为装饰品和工具两大类。装饰品类以石珠和绿松石为主，此外还有小水晶石珠、玛瑙石珠、玉璧等；工具类有细石器、砺石、石刀、石球等。

骨器约6465件，约占随葬品总数的50%，有生产工具、生活用具和装饰品等，主要有骨锥、骨针、骨镞、骨梗刀、骨珠、骨饰片、骨笄、獐牙饰等。

铜器约7件，器形有铜环和铜饰，用青铜制成，锈蚀严重，为早期金属冶炼的研究提供了一定的实物资料。

宗日遗址的发掘意义可概述为以下几点：一、出土了大量珍贵文

宗日文化绿松石串饰

宗日文化铜环

物，如舞蹈纹彩陶盆、二人抬物纹彩陶盆、骨叉、骨勺等遗物，是研究远古宗教、艺术及人们生活方式的重要材料。二、大量独具特色的陶器的出土，显示出了一种新的文化面貌，其中马家窑文化马家窑类型、半山类型及齐家文化器物的存在，说明该遗址延续了较长的时间，并且接受过多种文化因素的影响，但出土最多的是宗日特色的新器物，如乳白色陶上施紫红彩、变形鸟纹和多道连续折线纹等，均与相邻文化截然不同，据此命名了一个新的考古学文化——宗日文化。三、发现了齐家文化含砷量较高的早期铜器。宗日遗址发现的砷铜不仅是中国西部地区迄今所知年代最早的砷铜，而且也是在齐家文化铜器中的首次发现，它对中国早期冶金的研究以及青铜器的传播路线具有非常重大的意义。四、此遗址发现了许多很有意义的现象，如石棺葬具、二次扰乱葬式、火焚葬具、墓上标志、墓祭等，为我们认识青海地区远古部族的特征提供了极具价值的资料，在古代西北民族史研究方面也具有重大意义。

宗日文化的命名

1994年，对宗日遗址的发掘申请得到了国家文物局的批准。发掘首先选定在大沙沟以东的第一台地。第一台地为东西窄、南北长的砂土台地，据村民提供的线索，这里曾出土过陶器。根据台地的地形和地面所暴露的遗迹、遗物和发掘队员以往的经验，经过反复斟酌论证，认定这一台地为墓葬区。

因地形和土质的局限，考古队员先是揭去表土，铲平地面，在地面上画出了几个不规则的长方形再生土范围（即墓边），然后将再生土一铲一铲地挖去。当考古队员用小铲很顺利地将再生土层与原生土分离开时，人骨和陶器渐渐映入眼帘，这就是宗日遗址一号墓。

马家窑文化马家窑类型彩陶瓮

宗日文化夹砂彩陶壶

初战告捷，宗日遗址在之后的发掘中范围不断扩大，内涵不断丰富，成果辉煌。经过一个阶段的发掘，随着墓葬数量的增加和实物资料的不断充实，考古队员对宗日遗址的文化类型分类也产生了疑问。

马家窑文化因1923年首先发现于甘肃省临洮县的马家窑村而得名，主要分布于黄河上游地区及甘肃，青海境内的洮河、大夏河及湟水流域和凉州的谷水流域一带。马家窑文化是仰韶文化向西发展的一种地方类型，历经了一千多年的发展，先后有石岭下、马家窑、半山、马厂四个类型。

宗日遗址在调查时定性为马家窑文化半山类型，被认为是马家窑文化分布最西的遗址，但1994年第一次发掘时，80座墓出土的陶器中，除有少量马家窑类型和半山类型彩陶外，更大量的则是一种全新面貌的器物群，这就使得考古队员和相关专家对其文化性质产生了怀疑。

在实际发掘的过程中，一些截然不同于马家窑文化的陶器，即宗日式陶器的发现，以及为数众多的俯身直肢葬，表明该遗址可能是全新的考古学文化遗存。陶器按质地和颜色可分为两大类：第一类为泥质红陶，质地细腻，有的加入细砂，但表面打磨光亮，与细腻泥质无异；第二类为夹粗砂乳白色陶（或乳黄色），质地粗糙，饰绳纹，彩陶以紫红彩绘制图案。因此，宗日遗址的陶器便分为马家窑类型与宗日文化类型，前者为马家窑文化代表，后者为宗日文化代表。

宗日遗址的文化因素构成复杂，马家窑类型、半山类型等马家窑文化的已知因素所占比例极少，而宗日系统因素则占出土陶器的85%左右，并且埋葬习俗上也表现出了与马家窑文化不甚相同的趋势，因此其性质应由新的因素来确定。进一步分析发现，新的文化因素延续了一个较长的时期，并有一个基本确定的分布区域。因此命名考古学文化或类型的时间、区域、特征三要素就基本具备了。于是这种新的文化特征被定名为“宗日文化”。宗日文化曾受过马家窑文化的强烈影响，甚至可以说是在马家窑文化影响下产生出来的一支新石器时代文化，分布于流经青海湖南面共和盆地的黄河及其支流两岸；时代大致与东部的马家窑文化相始终，延续了约1500年，后被齐家文化所代替，并对齐家文化之后的诸青铜时代文化也有相当程度上的影响；宗日文化的陶器在器类上与马家窑文化大致相同，但质地、颜色和花纹则完全不同，多是乳黄色、乳白色夹砂陶，施紫红色彩，绘变形鸟纹、折尖三角纹、多道连续折线纹等；当时的人们定居此地，主要经营农业、渔猎与采集；以石棺、木棺为葬具，有二次扰乱葬、俯身葬、火葬、墓祭等习俗。宗日文化可能是羌人文化或先羌文化。

舞蹈纹彩陶盆的发现与收藏展示经历

1995年7月，发掘队基本完成了大沙沟以东的台地所保留工作面的发掘工作。之后，考古队将发掘的重点转移到了沙沟以西的台地上。这处台地虽大，但多为农田，只有在台地的东部和南部边缘有些非耕地，发掘工作便顺着东部边缘向南逐步展开。从揭去表土后的现象来看，这里分布着很多墓葬，而且规模较大。从发现墓葬的构筑形式与结构来看，均与大沙沟以东地区的墓葬有一定的差别。这里多出土二重台木椁墓、石棺墓，有些木椁内还有做工精巧、构制合理的榫卯结构的木棺，反映了当时人们高超的技艺。同时还出现了一批具有火烧葬俗的火烧墓，出土了一大批精美的彩陶器。大量新资料的不断出现，无形中激发了全体队员的发掘积极性。

出土舞蹈纹彩陶盆的 M157

7月下旬的一天，考古工地上突然沸腾起来了，大家都围拢在M157坑沿上，你推我、我拉你地争先往前挤，都想先睹一项新的重大发现。在发掘人员的精心清理下，一件内壁绘有舞蹈图案的彩陶盆展现在大家面前，虽然有些残破，但碎片不缺，完全可以复原。谁都料想不到宗日遗址能有如此重大的发现！这件舞蹈纹彩陶盆比1973年在大通上孙家寨马家窑文化墓葬中发现的舞蹈纹彩陶盆保存得更完好，造型更匀称，图案更精美，画面布局更合理，舞蹈形象也更传神。它的出土是青海文物考古工作的又一重大发现。

舞蹈纹彩陶盆的出土像是给发掘工地注射了一支兴奋剂，群情激动，热闹万分，平日里那种紧张、严肃的发掘氛围被一种轻松、欢快的气氛所代替，总领队还带头与工作人员和民工们手拉手地模仿着彩陶盆上所绘的舞姿形象，在基沿周围情不自禁地跳起舞来。

宗日遗址舞蹈纹彩陶盆在 1995 年出土后，于 1997 年调拨至青海省博物馆收藏至今，成为青海省博物馆的镇馆馆藏之一。

舞蹈纹彩陶盆的解读

存世的五件舞蹈纹彩陶盆

马家窑文化时期，中国西北地区出现了以人物舞蹈为主题的多人舞蹈纹图案。目前，这种多人舞蹈纹彩陶盆共发现五件，分别为青海大通上孙家寨墓地 M348 出土 1 件、青海同德宗日墓地 M157 出土 1 件、

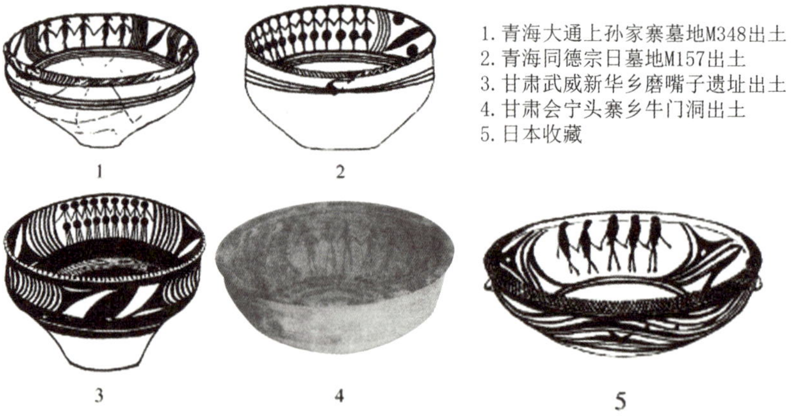

现存的史前舞蹈纹彩陶盆

甘肃武威新华乡磨嘴子遗址出土1件、甘肃会宁头寨乡牛门洞出土1件、日本馆藏1件。日本收藏的彩陶盆从器型来看，应属甘肃东乡林家中期的陶器，也是目前发现的最早的马家窑文化的多人舞蹈彩陶盆。

1973年青海大通县上孙家寨马家窑文化类型墓葬中出土的舞蹈纹彩陶盆，高14厘米、口径29厘米、腹径28厘米、底径10厘米，敛口卷唇，鼓腹，下腹内收成小平底，唇及内外壁均有彩。唇彩三组，均以钩叶圆点纹为中心，外绘内向弧线三角纹，三组纹饰之间填以斜平行线纹。外彩为三条带纹，在突钮处合三为一，上有勾纹似纽结状。内彩特殊，在内壁最大处绘四道平行带纹，最上端一道较粗，内壁紧接口沿处有一圈带纹。上下两组纹饰之间有舞蹈纹画面三组，每组两边亦有内向弧线纹（一般为7条，其中两组分别为5条和8条）。在相反两组弧线纹之间，各有一条斜行的柳叶形宽带纹。主题纹饰为舞蹈纹，五人一组，手拉手，面向一致，头侧各有一斜道，似为发辫，摆向划一；每组外侧两人的一臂画为两道，似反映空着的两臂舞蹈动作较大且频繁之意。人身下半部分接地面的两竖道为腿，胯部斜出一短道似为饰物。整体画面简洁，线条明快，笔法酣畅，人物突出。

1991年甘肃武威新华乡磨嘴子遗址出土有舞蹈彩陶盆残件，高14厘米、口径29厘米、腹径28.5厘米、底径11厘米，敛口，鼓腹，下腹内收，小平底残，唇彩为不规则短横线纹，外壁口沿边有一圈黑色宽带纹，纹饰下两侧有一对称的圆圈图案，内画3条平行线，圆圈两侧各画9条内向弧线纹，弧线纹外侧画有对称的三角纹及宽叶纹。下边有两条平行宽带纹，口沿处一条较细，上、下两条纹饰之间有舞蹈纹两组，每组两侧有内向弧线纹6条。在相反的两组弧线纹之间各有一个三角纹和一条斜行宽叶纹，叶纹间有一组网格纹。主题纹饰舞蹈纹共两组，每组9人，手拉手舞蹈。在第二、三条带纹之间，有6条平行波浪纹细线及 4 个不等距离的圆点。

1994 年甘肃会宁头寨乡牛门洞出土的舞蹈纹彩陶盆，为泥质红陶，内外壁的纹饰以单一褐红色绘成，高 13 厘米、口径 33 厘米、腹径 30.5 厘米、底径 12 厘米，在内壁的平行弦纹上绘有 15 人，分三组，每组 5 人，人高 8.3—9 厘米，头均向右，头顶戴胜装饰，头朝右前方略扬起，上下身匀称，腿跨度稍大，其尾较短，手挽手舞蹈。各组之间以弧线纹和柳叶形宽带纹相隔，盆内底部中心绘有直径约 4 厘米的圆点，外壁在一条宽带纹上绘波浪纹。

日本《中国のタイル》（《中国陶瓷》）一书收录一件舞蹈纹彩陶盆，细泥橙黄陶，高 11.5 厘米、口径 34 厘米，大敞口，弧腹较浅，上腹捏塑鸡冠状器耳一对，平底。器衣打磨光滑，绘黑色彩，外腹壁绘有密集的流动水波，其间穿插零星的卵点，盆沿绘细密的网格。盘内壁绘舞蹈人物，分三组，每组 5 人，各组之间绘弧线、弧边三角纹。人物头部为圆形，无发辫，躯体略粗肥，肩宽腹瘦，胯部突出一短斜线，四肢纤细，末端略加粗，以表现手足。

在构图方式上，几件舞蹈纹盆内壁近底部均有数道水波纹和一道横带纹，以三分法将内壁主题纹等分为三组，各组人物图像以宽叶纹或弧边三角纹进行分隔。在图案元素上，几件器物均以人物、卵点、水波、横带、宽叶纹、斜线纹、弧线纹、弧边三角纹为基本组合元素，各构图元素均有相对固定的分布位置。除宗日遗址的人物下肢多并拢在一起看不出尾饰外，其他舞蹈人物形象均带有或长或短的尾饰。其中日本馆藏、牛门洞及上孙家寨的人物均为 5 人一组，人物形象较为相似，写实性较强，均有尾饰。而宗日与磨嘴子的人物形象相近，用较为抽象的圆点和线段来表现人物的头、下腹、躯干、四肢、发辫和尾饰。

这五件舞蹈纹彩陶盆的时间线为日本收藏—牛门洞出土—宗日出

土—上孙家寨出土—磨嘴子出土。它们反映了甘青地区舞蹈纹盆的演变过程，从器型来看，舞蹈纹盆的演变规律是由敞口变为直口再变为微敛口，由宽沿变为窄沿，浅腹逐渐变为深腹，晚期的下腹内收，器形不是很规整，器表粗糙，似未经打磨。彩绘中的人物形象由写实逐渐变得抽象和简化，到了晚期，仅以圆点和线段来表现人物的头、下腹、躯干、四肢、发辫和尾饰。

这几件舞蹈纹盆均产生于马家窑文化马家窑类型期（前 3300—前 2800），这一时期是马家窑文化迅速扩展的时期。以青海东部的河湟地区为例，在马家窑类型期，以农业经济为基础的马家窑类型遗址的分布区域由化隆县黄河北岸支流伊沙尔河口一带逆黄河而上到达共和盆地的同德宗日一带；湟水流域则由民和县米拉沟下游逆湟水河而上到达大通长宁及湟中多巴一带。这一时期，许多原来从事狩猎经济的人开始走向了农业化的道路，主要食物来源从猎取动物转变为种植粟和黍等谷物，从而极大地节约了社会劳动力，降低了生活成本。从此人们可以有更多的时间去完善社会组织和丰富精神生活。彩陶的繁荣与农业化带来的生产力的解放有着密切的关系，舞蹈纹盆的出现是人类由于经济条件的改善进而促使精神生活走向繁荣的体现。

马家窑文化马家窑类型以陇西至青海东北部的黄河流域为分布中心，东北至宁夏南部，西北至酒泉东南部，西南至青海同德宗日，南达白龙江上游甚至四川西北部。从这 4 件出土地点明确的多人舞蹈纹盆的分布来看，它们均出现在马家窑类型分布的西部和北部边缘地带，也就是马家窑类型期农业经济圈与周边采集狩猎经济圈的交融地带。处于这一地带的人群是新时期晚期阶段最后一波受到农业经济影响的人群，即原来从事狩猎经济的人群刚刚走向农业化的道路。由于他们所处区域的自然环境一般是河谷上游地带，属农业的后开发区，土壤、水及光热等农业条件赶不上河谷中下游地区，但动物资源相对丰富，因此这一带的人们一般处于半农半猎的经济模式下，在很长一段时期内仍然保留着狩猎经济模式及其模式下的一些生活习俗。以宗日遗址为例，宗日遗址地处马家窑类型的西南边缘，农业在经济生活中占据着主导地位。宗日遗址人骨的稳定同位素分析结果表明：旱作农业在先民食物中的地位逐渐升高，而渔猎活动逐步减少。宗日遗址动物骨骼分析结果表明：除发现有黄牛的蓄养外，未见猪和羊的蓄养，人们的肉食来源主要是狩猎。这种新石器时代农业经济区残存的狩猎经济模式在舞蹈纹盆上主要表现在两个方面：一是舞蹈纹盆上这种多人舞蹈的集体社会活动可能来源于狩猎经济模式下岩画中的多人舞蹈题材；二是舞蹈纹盆的人物形象多带有尾饰，而尾饰是狩猎人群的基本着装。

据研究，舞蹈纹盆很可能是在马家窑类型中期首先出现在兰州附近一带，随后逐渐西移，流行于青海东部湟水上游、黄河上游地区，晚期则进入到甘肃河西走廊。这一趋向正好同马家窑类型中晚期人类向西北迁徙、拓展的格局相呼应。

舞蹈纹饰解读

由于多人舞蹈纹彩陶盆的纹饰特殊，一直以来吸引了考古学者、文化人类学者、民族学者、民俗学者、历史学者、美术学者、宗教学者、符号学者的高度关注，纷纷从不同角度对其进行解读。

无独有偶，在北方岩画体系中，这种多人舞蹈的题材从旧石器时代晚期开始出现，在新石器时代至青铜时代较为流行，这些岩画题材由北方草原地带的原始狩猎人群和青铜时代以后的游牧人群所制作。在中国境内的内蒙古、宁夏、甘肃、青海、新疆地区分布有数万幅的岩画。继续向西，在西伯利亚南部、哈萨克斯坦、吉尔吉斯斯坦、乌兹别克斯坦、伊朗、土耳其等中亚及西亚地区也有大量的分布。在新石器时代，创造这些岩画的北方原始狩猎采集人群与以农业为基础的仰韶晚期文化、马家窑文化人群曾发生过交流与联系，许多图案、符号既出现在彩陶上又出现在岩画中，如彩陶上的多人舞蹈纹、太阳纹、圆圈内接十字纹等也见于内蒙古巴丹吉林沙漠岩画、乌兰察布岩画、阴山岩画、宁夏贺兰山岩画、中卫岩画等北方岩画题材中。从狩猎采集人群向农业人群转化的大趋势来看，仰韶文化晚期至马家窑类型期农业文化中新出现的一些彩陶图案，可能是来源于周边地区狩猎采集人群所创作的岩画题材，这些图案成为马家窑文化形成的地方文化因素之一。

更值得注意的是，以这种集体舞蹈为题材的亚欧之间草原岩画走廊的东西两端，都存在有多人集体舞蹈为题材的彩陶文化，它们都是以农业经济为基础的，东端的多人舞蹈纹饰出现在中国西北甘青地区的马家窑类型期。西亚的舞蹈纹于公元前 9000 年最早出现在地中海东岸的巴勒斯坦黎凡特地区，这一时期的舞蹈纹多刻在石板或石盆上。公元前 8000 年至公元前 7000 年，向东扩展到美索不达米亚和伊朗，在公元前 7000 年晚期到达巴基斯坦西部的梅赫尔格尔地区；同时又向西部和北部地区推进至安那托利亚半岛、亚美尼亚、希腊、巴尔干半岛和东南欧洲。从时间上看，公元前 7000 年左右，舞蹈纹饰的分布范围最广，出现的频率最高，达到鼎盛时期。约在公元前 6000 年，中心地区由美索不达米亚和伊朗转移到埃及等地区，但规模和数量已大不如从前。公元前 3000 年，舞蹈纹饰在西亚大部分地区已经消失。东南欧的彩陶上常见的舞蹈人像采用的技法大多为贴塑，很少见彩绘或阴线刻。西亚地区的多人舞蹈彩陶器年代要早于中国西北甘青地区，当西亚地区的多人舞蹈纹衰落的时候，甘青地区的多人舞蹈纹彩陶才开始出现。

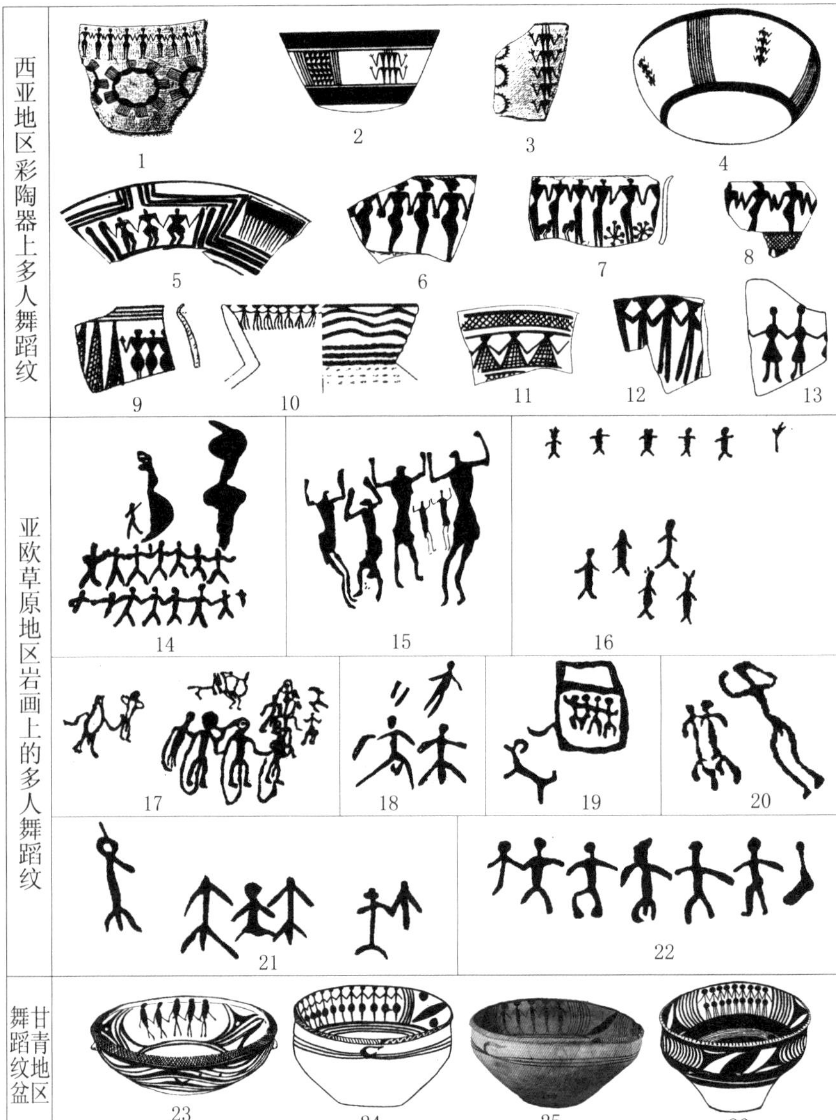

西亚－亚欧草原－甘青地区岩画与彩陶上的多人舞蹈图案

1. 伊朗德赫洛兰平原地区（前 8000 末—前 7000 早期） 2—3. 伊朗德赫洛兰平原地区的克哈兹尼（前 8000 晚期—前 7000 早期） 4—5. 伊朗苏锡那平原地区（前 6000 晚期—前 5000） 6—9. 伊朗平原诸遗址（前 7000 晚期） 10. 两河流域萨迈拉文化（前 6000 晚期—前 5000） 11—12. 两河流域哈拉夫文化（前 5500—前 4500） 13. 两河流域欧贝德文化（前 4300—前 3500） 14. 土耳其贝约克 · 达什地区（前 7000—前 5000） 15. 哈萨克斯坦 16. 新疆富蕴县唐巴勒塔斯岩绘 17—18. 内蒙古磴口县托林沟（新石器时代） 19. 内蒙古乌拉特中旗几公海勒斯太（新石器时代） 20. 内蒙古格尔敖包沟（新时代晚期至青铜时代） 21. 内蒙古巴林右旗东马鬃山（新石器时代） 22. 内蒙古苏尼特左旗呼和楚鲁（青铜时代） 23. 日本馆藏 24. 青海同德宗日墓地 M157 出土 25. 青海大通上孙家寨墓地 M348 出土 26. 甘肃磨嘴子遗址出土

狩猎采集经济晚期阶段，人口的压力使得狩猎活动范围变得越来越大，尤其是在北方漫长严寒的冬季，由于缺乏可以采集的植物，动物资源是唯一的食物来源，这就迫使人类跑更远的路到自然条件更艰苦的地方去追逐猎物。由于狩猎活动的范围增大，客观上促使了更大区域内游猎部落之间的互动，从而促进了文化的交流与传播。农业人群的文化一般是以河流为主线进行线性传播，而游猎和游牧民族往往轻易地跨过山系进行远距离的传播。与定居农业和游牧经济相比，游猎经济下文化因素传播性和穿透力更强，所以狩猎经济晚期阶段，欧亚草原地带之间存在文化交流的可能性很大，来自西亚地区农业部落的多人舞蹈纹饰有可能是通过狩猎人群，以岩画为媒介传播到甘青地区马家窑类型期的彩陶器上。虽然仰韶文化的“西来说”已经得到彻底否定，但也不能因此否定远古以来亚欧东西方之间的文化交流与互动。

这种手拉手人群的形象是一个世界性的艺术主题，受到广泛的关注和研究，综合起来其功能主要是与表现原始人群的团结意识、生殖崇拜、狩猎及农业生产活动、祈求风调雨顺、消灾除病等原始宗教祭祀活动等有关。

1. 连臂踏歌。这种连臂的形象出现在世界各地的彩陶岩画乃至青铜艺术中，不过就文献资料和这种艺术主题运用的时空范围和普遍程度来看，当以我国为最。《毛诗·序》记：“情动于中而形于言。言之不足，故嗟叹之，嗟叹之不足，故永歌之，永歌之不足，不知手之舞之，足之蹈之也。”这段话形象地道出了史前先民最初歌舞之由来。在我国古代文献中，对这种手拉手舞蹈的描述最早见于《诗经·大雅·公刘》：“笃公刘，于京斯依。跄跄济济，俾筵俾几。”高亨注，依，为祭礼；跄跄，步趋有节貌；济济，多而整齐貌。从字面上来看，依作为一种祭礼，即把臂而舞，或谓连臂舞。

汉代有关连臂舞的材料就已经很明确了，将这种舞蹈称为“踏歌”。汉伶玄写《赵飞燕外传》提到汉成帝时代，“宫中故事，上灵安庙。是日吹埙击鼓，歌连臂踏地，歌赤凤来曲”。《西京杂记》亦云：“吹笛击筑，歌上灵之曲。既而相与连臂，踏地为节，歌赤凤凰来。”

“吹埙击鼓，歌连臂踏地……”在青海境内，正好出土了与舞蹈纹彩陶盆同一时期的陶埙与陶鼓。

青海出土的陶鼓属于新石器时代马家窑文化半山类型。1981 年，青海省文物考古研究队在青海省海东市民和县新民阳山墓地发掘了一批马家窑文化半山类型、马厂类型的文物。墓地发掘出土的随葬品有千余件，其中有 3 件既不属于生活用具，也不是生产工具。它们状似喇叭，喇叭嘴为小折沿，瓶口状，下接长筒腹，逐渐扩大为喇叭口，两端连通。在瓶形口沿下部与筒腹相接处和喇叭口部各塑有一环耳，上下耳同塑在一条轴线上。M23 出土的陶鼓，口径 12.5 厘米、底径 23.5 厘米、高 35 厘米，瓶形嘴内沿绘有黑褐色单弧纹，器物的上部有一道紫红色彩条，并缀饰黑褐色粗锯齿纹，下部为三道黑褐色倒三角纹，底端处有 7 个排列均匀的倒刺形小钩。M60 出土的陶鼓，口径 14.6 厘米、底径 25 厘米、高 42.9 厘米。喇叭口偏上处有 7 个钻孔组成一圈，钻孔周围有几圈不规则的绳勒痕迹，瓶形口颈部有不明显的凹凸条形痕迹。该器饰有黑红双彩的锯齿波折纹。M147 出土的陶鼓，口径 11.8 厘米、底径 23.2 厘米、高 36.8 厘米，瓶形口沿内侧绘有红彩单弧纹，外沿绘有彩带和单线波折纹，喇叭口外壁绘有红彩波折纹，并塑有几个向上翘起的鹰嘴状泥突。

M23 和 M147 的两件陶鼓在墓葬中均与其他随葬品一起放置于人骨的头部，M60 的陶鼓放置于墓主人的腰部。据推断，陶鼓使用时可能在上下环耳系绳，钻孔与泥突处蒙兽皮，将陶鼓斜挎腰间使用。

另外，在同德宗日遗址中出土的陶埙为扁椭圆状，泥质红褐陶，顶端设一圆形吹孔，腹部钻两个对称的按孔，中空，平底。

通过这些出土器物，我们似乎能遥想当时的青海先民吹埙击鼓、载歌载舞的场景。

民和阳山墓地出土的马家窑文化半山类型弦纹彩陶鼓

民和阳山墓地出土的马家窑文化半山类型折线纹彩陶鼓

宗日遗址出土的陶埙

到了唐代，这种连臂踏歌不仅在民间流行，还成为宫廷宴会或庆典中的一项活动。《唐语林》卷七载：“旧制，三二岁，春时，内殿赐宴宰辅及百官，备太常诸乐，设鱼龙曼衍之戏。”而“士女踏歌为队”则是“太常诸乐”中必不可少的节目。“踏歌”，唐时又作“蹋歌”，《资治通鉴·唐纪》记载：“（阎）知微与虏连手蹋《万岁乐》于城下。”

《资治通鉴·唐则天后圣历元年》：“尚书位任非轻，乃为虏蹋歌。”胡三省注云：“蹋歌者，连手而歌，蹋地以为节。”由此可知唐代的踏歌为连臂结队，边歌边舞，一如舞蹈盆上的描绘。

宋代踏歌仍很盛行。范成大《四时田园杂兴》云：“桃杏满村春似锦，踏歌椎鼓过清明。”《宣和书谱》云，中秋节时，妇女们则“相持踏歌，婆娑月影中”。不过汉族的这种连臂踏歌在宋末以后，便不怎么见于记载了，这恐怕与宋代程朱理学的兴起不无关系。

从人类学角度来考察，举凡具有“新生”之文化内涵的仪式、庆典和聚会等，都要跳连臂舞，如葬礼（一种新生）、联盟联姻（一种新关系）、春祭（新的一年开始）、祈雨（新气象的祈求）、狩猎与丰收仪式（新的收获）、成丁礼（新的人生）等。

2. 祭祀。原始舞蹈与宗教祭祀有着密不可分的关系。《说文解字》对巫字的解释为："祝也。女能事无形，以舞降神者也。象人两袖舞形。与工同意。古者巫咸初作巫。"

宗教信仰是自然现象和社会现象在人们头脑中的反映。因此，社会结构的变迁必然要影响到宗教意识的变异。社会越原始，人类越愚昧，科学越不发达，人类则越无法了解并征服自然，从事这类祭祀活动的礼仪便越隆重。社会越进步，科技越发达，人类对大自然的了解和征服能力不断提高，对不可知的天、地、神灵崇拜、依附的感情越淡薄，祭祀礼仪也日趋简单化。在原始社会活动中，宗教性、政治性、社会性这三类活动往往合而为一，原始的舞蹈活动也是一样的性质。这些原始时期的彩陶上描绘的以人为主体的形象由写实走向概括和抽象，其作用仅用于装饰是不够的，也许它的作用也不仅是描绘原始先民的舞蹈，更重要的是我们从这些原始画符中可以看出先民对"巫"与"舞"的关系巧妙的描绘和应用，以及对概括能力的提升。

古人常把世界分为截然不同的两个层面，天与地、人与神、生者与亡灵。而上天和祖灵是一切知识和权力的源泉。天地之间的沟通，必须以特定的人和工具为中介，在原始社会中，这个中介只能是巫师和巫术宗教器物。巫，人神之间的媒介；舞，人神沟通的一种语言。舞蹈纹彩陶，刻画巫、舞的演变。巫、舞成为统一体，是原始社会生产力水平低下条件下特殊的、必然的产物。许多巫术活动是为了取悦神灵，人们想通过仪式达成双方的契约，最终在虚幻的想象中得到神灵的护佑，把鬼怪制服、驱逐。在这一过程中舞蹈的强烈性对人们的心理起着非常重要的平衡作用，似乎强烈的巫舞动作能给人们带来某种力量……

彩陶文化中异常丰富的图像、纹饰包含了对原始舞蹈、对巫术礼仪的艺术再现，包含了原始先民对自然、社会、生活的认知，对天地神灵的崇拜。这种意识始终贯穿于整个原始文化的演变过程之中，特别是在原始丧葬文化中表现得尤其突出。

3. 锅庄。战国时期，原居于河湟地区的古羌人为躲避秦国兵力的威迫，大量迁徙到战争相对较少的川、藏、云、贵一带。其中从甘青草原西迁的古羌人，成为藏族先民之一；从甘青草原南下的古羌人，在南中地区繁衍成各种支系，正如《后汉书·南蛮西南夷列传》所说："其山有六夷、七羌、九氐，各有部落。"部分古羌人一直保持其生活习俗，发展成为今天的羌族；部分羌人成为今日彝族的先民；其他部分迁至西南后，经过漫长的发展过程，分别形成了今日藏缅语族之哈尼族、傈僳族、纳西族、拉祜族、白族、景颇族、普米族、独龙族、阿昌族等。在长期的交流融合中，作为典型古羌族文化象征的圆圈舞成为西部藏、土、彝、羌、侗、布朗等少数民族民间舞蹈的基本形式。

锅庄舞，又称为"果卓""歌庄""卓"等，藏语意为圆圈歌舞，是藏族三大民间舞蹈之一，其舞姿粗犷，动作矫健有力，彰显藏民热情豪放的性格。主要流行于西藏昌都、那曲，四川阿坝、甘孜，云南迪庆及青海、甘肃的藏族聚居区。锅庄舞分为用于大型宗教祭祀活动的"大锅庄舞"、用于民间传统节日的"中锅庄舞"和用于亲朋聚会的"小锅庄舞"等几种，规模和功能各有不同。每逢节庆之日，人们身着五颜六色的盛装，云集于广场、草坝、火塘边，搭起帐篷，摆上酥油茶、青稞酒和丰盛的食品。舞时不分男女老幼，在一位长者的引领下，男女各排半圆，围成一圈，相互牵手拉袍，弯腰垂首。长者在舞队前方手摇串铃，引歌领舞，伴着串铃清脆的节奏，他们时而变换舞步，时而变换队形，边歌边舞，热烈场面此起彼伏。锅庄舞的基本动作有“悠颤跨腿”“趋步辗转”“跨腿踏步蹲”等，舞者手臂以撩、甩、晃为主变换舞姿，舞步分为“郭卓”（走舞）和“枯卓”（转舞）两大类。“郭卓”的步伐是单向的朝左起步，左右两脚共举七步为一节，这样轮回起动，由慢转快，步数不变，舞步比较简单，参跳人易学，故人数甚众。“枯卓”的舞姿多样，种类较多，常跳的有二步半舞、六步舞、八步舞、六步舞加拍、八步舞加拍等。锅庄舞的地区风格突出，农区和牧区的锅庄形式基本相近：均从慢板逐渐演进到快板，男女拉手走圈，轮班唱歌，伴和舞蹈，侧身拧腰，越跳越快，在热烈的气氛中结束。流行于林区的锅庄舞蹈中还穿插有模拟狩猎的射箭动作和鸟兽情态。

羌族也有跳“锅庄”的习俗，称之为“萨朗”，形式与藏族“锅庄”接近，多在室内锅庄旁进行。通常由慢速、快速两段构成，无乐器伴奏，以歌声协调，舞时众人手拉手载歌载舞。羌族萨朗分两种：一是“喜事”，在节日、婚嫁或劳动之余进行，由能歌善舞的老者带头，男女相对，各成一列。拉手而舞，男女一唱一答，边舞边唱。进入快板时，男女交换位置，众人拉手相继从别人腋下钻过，穿梭不止，动作随歌声节奏加快而至高潮。二是“忧事”，在丧礼后进行，一般选在室外的空旷之处，舞者均为死者亲朋好友。男前女后，拉手成弧形或圆圈，舞时气氛低沉，动作沉稳、缓慢，以表达对死者的颂扬和怀念。

锅庄舞是随着藏民生产生活的发展而丰富完善的。由于对自然界种种现象的迷惑不解，原始社会的先民们产生了种种迷信行为，原始社会也因而产生了种种宗教形态，如巫师与巫术，拜物教与图腾。这种宗教信仰渗透进先民们的生产生活，也融合到了民间歌舞艺术里。在原始宗教信仰中，锅庄是神灵集聚之地，是维系个人和家庭命运的所在。因此，人们通过祭祀等取悦鬼神的形式来自我安慰和取得信心。

人们在通过舞蹈把祈求、祝愿传给神灵的同时，还可以得到神灵的感召和庇佑。跳锅庄舞即为原始先民在祭祀神灵时与神灵沟通的方式。随着岁月的流逝，锅庄舞的社会功能逐步由酬神娱神转向娱人。围篝火而舞，是原始氏族人群围火而舞的传统形式的保留，也是锅庄舞产生于原始社会的依据之一。

锅庄舞在藏区真正的流传得益于藏传佛教的发展。藏传佛教寺院的建立和存在，以及形成的寺院文化，为锅庄舞提供了展示的平台，给了锅庄舞新的生存空间。传说，在修建桑耶寺时，白天人们辛辛苦苦建的墙壁，到了晚上就被妖魔毁坏。为了镇妖除魔，莲花生大师请来工布地区的卓巴（跳卓舞的人），通宵达旦地唱歌跳舞，美妙的歌声和精妙的舞姿将鬼怪迷惑住了，人们趁机建起了寺庙。这一传说广泛流传于藏区，尤其是西藏工布地区，也被多个权威性史籍记录在册。赤松德赞的大臣巴色郎在《巴协》中记载："庆祝桑耶寺落成庆典时，人们欢快地跳起了'卓舞'。"从此"卓"作为吉祥的标志，在藏区广泛流传，不但在寺庙大型仪式中使用，在民间也很盛行。

到明清时期，关于卓舞的汉文记载多见于清代或清代以后的史籍、志书和游记中。清乾隆五十七年（1792）刊印的《卫藏图识》载："俗有跳歌妆（即锅庄舞）之戏，盖以妇女十余人，首戴白布圈帽，如箭鹄，著五色彩衣，携手成围，腾足于空，团圞歌舞。度曲亦靡靡可听。"这里描写的是甘孜州康定妇女跳卓舞之情景。《皇清职贡图》则记述了藏民男女舞卓的风俗："男女相悦，携手歌舞，名曰锅桩。"清人李心衡《金川琐记》中亦有藏民"俗喜跳锅庄"的记载。

在各个藏区的锅庄舞中，云南省迪庆藏族自治州的迪庆锅庄舞、西藏自治区的昌都锅庄舞、青海省玉树藏族自治州的玉树卓舞，于2006年5月20日经国务院批准，被列入第一批国家级非物质文化遗产名录；四川省甘孜藏族自治州的甘孜锅庄、四川省阿坝藏族羌族自治州金川县的马奈锅庄、青海省称多县的称多白龙卓舞、青海省囊谦县的囊谦卓干玛，于 2008 年 6 月 7 日经国务院批准，被列入第一批国家级非物质文化遗产扩展名录。

这种锅庄舞蹈，是民间或者社群在举行各种祭礼、仪式、庆典、民俗等活动中的主角儿。凝聚力是它的主要社会功能，通过这样围圈齐舞的方式将人们连接起来，参与其中的人们随着共同的舞动会在各自的心理层面生成一种“聚在一起”的感受，这种感受非常质朴、踏实。综观人类的习性，不管是从哪一学科的研究角度出发，都不会忽略人是倾向于社会性生存的一个生物种群。人是害怕独处的，孤独感是大部分人在努力回避的一种状态和情绪，因此，人类需要有聚在一起的机会和场合，这是人的一种基本生存需求，也会让人类在情感沟通上得到极大的满足感，从而获得心灵的抚慰和安全感。人们围圈齐舞的行为和热情也是基于其期待和追求安全感的本能。因此，“锅庄”为这类人的身心需求提供了最直接、最简便、最易完成的根本条件。于是，人们在联袂踏歌振舞中，时时刻刻体味着群体的力量和意义，感受着“聚在一起”的踏实感。人们作为一个团体的凝聚力被增强，通过这样的方式传递着彼此的情感，分享着彼此的快乐，进而让个体的灵性获得了极利于身心健康的疏导通道。

黄河流域涵盖了我国的九省区 752443 平方千米土地，位于其上游的河湟地区，主要包括大通河、黄河上游以及湟水流域，古称“三河间”。这里被费孝通先生称为“中原同青藏高原的流通孔道”，它是连接中原与少数民族地区的纽带，是黄土高原和青藏高原接壤的地方，并且也是农业文化与草原文化的接合部。由于环境、部族、经济及外部影响等多重原因，河湟地区的文化面貌呈现出错综复杂的局面，在河湟地区诞生的河湟文化以其包容性和开放性著称，如马家窑文化、齐家文化、辛店文化、卡约文化的诸多历史遗存都见证了各民族相互融合、包容进步的历史，宗日遗址亦是如此。宗日遗址跨越了马家窑文化的不同类型时期，这里所发现的马家窑文化陶器几乎都是彩陶，是典型的马家窑文化器形。马家窑文化时期，以农业为生业基础的社群在甘青地区沿着黄河谷地的大规模扩张即是宗日聚落的形成背景。仰身葬和俯身葬的共存更直接反映了这一阶段，有一批马家窑移民抵达了黄河上游地区，并与当地土著人共同形成了宗日聚落；这两个生业方式不同的部族互相交流融合，共同创造出了辉煌灿烂、独树一帜的宗日文化，谱写了史前时代文明交流的华彩篇章。在这之后，马家窑文化泥质彩陶的纹饰绘制中便融入了宗日原始居民热情奔放的性格，让史前“跄跄济济、连臂踏歌”的场景定格在彩陶盆之上，保存至今。宗日遗址的发现表明，至少在距今5000年左右的时候，黄河上游已经拉开了民族融合和文化交流的序幕。

在其后的4000年的历史岁月里，河湟地区的先民于其间牧耕、生息，汉族、蒙古族、回族、藏族、土族、撒拉族等多种文化不断碰撞与交流，描绘出一幅灿烂壮阔、多元一体的河湟文化图景。河湟地区作为多元文化繁荣、共生、发展的一片福地，承载了悠久的多民族共同繁衍生息的文化历史，并以良好和谐的生产方式带来的物质文明为基础。河湟文化正是在此基础上衍生出的宝贵的精神财富，它兼有草原文化和农耕文化，有着深厚的文化底蕴，是黄河源头文明化的重要标志，其堪为独具一格的文化类型，与河洛文化、关中文化、齐鲁文化一起，构成黄河文明的重要分支和中华文明的重要组成部分。

宗日遗址舞蹈纹彩陶盆上描绘的舞乐的起源，和其他艺术的起源一样，是与人类的生活和劳动密切相关的。舞乐起源于劳动，是先民们在劳动生活中的集体创造。人在利用和适应自然的过程中，也产生了对艺术的认知和创造才能。从远古到现在，似乎因这一种纹饰将时间距离拉近，我们仿佛能看到先民们在彩陶上细细描摹的样子，不论纹饰是何意义，都饱含了他们对生活的期望与热爱，为这片热土留下文化的血脉。如今河湟地区是歌舞的海洋，城乡街头，载歌载舞，随处可见，再驻足凝视这件充满先民智慧的舞蹈纹彩陶盆，让人浮想联翩，思绪万千。追忆远古时期的河湟地区，也曾是先民们迁徙的通道，穿越数千年的史前时期，遥想在那茹毛饮血、刀耕火种的岁月里，先民们胼手胝足，披荆斩棘，创造出了源远流长的灿烂文化，成为河湟文化的根脉。进入历史时期，河湟地区历来受到中原王朝的重视，各种势力在此交错争锋。河湟地区特殊的地理位置，使之成为东西文化交流荟萃之地，上演了古代部落迁徙移驻、耕牧河湟的华章，为河湟地区多民族绚丽文化的形成和发展奠定了基础。

青海省博物馆
佛音　胡学捷　宋涛

参考资料：

1. 李智信主编：《青海文化 · 考古卷》，青海人民出版社 2018 年版。

2. 格桑本、陈洪海：《宗日遗址　文物精粹及论述选集》，四川科学技术出版社 1999 年版。

3. 洪玲玉、崔剑锋、陈洪海：《移民、贸易、仿制与创新——宗日遗址新石器时代晚期陶器分析》，《考古学研究》2012 年。

4. 徐建炜、梅建军、格桑本、陈洪海：《青海同德宗日遗址出土铜器的初步科学分析》，《西域研究》2010 年第 2 期。

5. 崔亚平、胡耀武、陈洪海、董豫、管理、翁屹、王昌燧：《宗日遗址人骨的稳定同位素分析》，《第四纪研究》2006 年第 4 期。

6. 陈洪海、格桑本、李国林：《试论宗日遗址的文化性质》，《考古》1998 年第 5 期。

7. 陈洪海、王国顺、梅端智、索南：《青海同德县宗日遗址发掘简报》，《考古》1998 年第 5 期。

8. 霍福：《青海宗日舞蹈盆的文化符号学分析》，《青海民族研究》2005 年第 3 期。

9. 周亚辉：《由“踩歌堂”看青海大通舞蹈纹彩陶盆的纹饰内涵》，《装饰》2013 年第 11 期。

10. 张晓：《我国少数民族圈舞艺术特征探究》，《贵州民族研究》2014 年第 1 期。

11. 水城：《人物舞蹈纹盆 · 锅庄舞及其他》，《文物天地》1998 年第 1 期。

12. 李生文、马婧杰：《河湟文化的渊源及其文化特质》，《青海学习报》2016 年第 77 期。

四川

画像生活 礼乐华夏

——东周嵌错宴乐水陆攻战纹铜壶

四川，简称“川”或“蜀”，素有“天府之国”的美誉，是黄河上游重要的水源涵养地、补给地和国家重要生态功能区，是“中华水塔”的重要组成部分。黄河自发源地一路斗折蛇行，在这里美丽“回眸”，旋即折向西北，留下了荡气回肠的“黄河九曲第一湾”，也造就了万里黄河的文明高地。

成都百花潭十号墓墓主人是本土而生的巴蜀人，对黄河核心文化的崇敬由来已久。墓中所出嵌错宴乐水陆攻战纹铜壶来自黄河中下游的三晋文化，是巴蜀贵族慕尚黄河文化，以开放、包容的胸襟吸纳先进文化的实物证据。华夏多种文化因素汇聚与不断融合，推动巴蜀青铜文化迎来又一个高峰。

画像生活　礼乐华夏

——东周嵌错宴乐水陆攻战纹铜壶

春秋以降，战国时期，中国的青铜器纹饰陡然发生变化。其中人物画像纹青铜器的出现与流行就是中国青铜艺术“整体突变”的表现之一。人物画像纹青铜器一改商代、西周时期青铜纹饰的神秘色彩，以写实的人物形象为主，表现人们丰富多彩的社会生活情景，其图案精美，是中国青铜艺术中一朵瑰丽的花朵。

嵌错宴乐水陆攻战纹铜壶，是人物画像纹青铜器的代表之一。此壶 1965 年 2 月 26 日出土于成都百花潭十号墓，其一经出土即负盛名，作为东周时期代表性青铜器，被视为文物中的瑰宝，也是教科书级的历史文物。

国宝生平

百花潭十号墓

1964—1965 年，四川省博物馆（现四川博物院）为配合成都百花潭中学扩建，发掘了一批战国墓葬。百花潭十号墓是这批墓葬中等级

嵌错宴乐水陆攻战纹铜壶　东周　1965 年出土于百花潭十号墓

最高、最具代表性的墓葬，嵌错宴乐水陆攻战纹铜壶即出土于此。

根据发掘简报可知，该墓葬当为船棺葬，时代为战国早期，随葬有数量众多、类别丰富的各类青铜器。

船棺葬是以船形棺木为葬具的墓葬形式，主要流行于春秋战国时期的四川地区（包括今重庆市部分地区）。综合四川船棺葬的考古资料，船棺葬的年代、分布和埋葬习俗等方面，表明这是起源于古蜀人的一种丧葬习俗，主要分布在以成都为中心的平原地区，可能为蜀人开明氏一族的墓葬，其消亡要到西汉政权建立，汉文化在四川地区深入发展之后。

学者认为，百花潭十号墓是一座具有显著蜀文化特征的墓葬，墓主可能为中级贵族。根据巴蜀地区墓葬资料可知，东周时期巴蜀地区墓葬中外来文化青铜容器，仅见于贵族阶层，证明巴蜀社会贵族阶层十分喜爱外来文化青铜容器，他们基本垄断了此类铜器的使用权。故有学者将巴蜀墓葬中随葬的外来文化青铜容器称为“奢侈品”，是墓主社会地位、身份的标识物。百花潭十号墓随葬外来文化青铜器尤以嵌错宴乐水陆攻战纹铜壶最具代表性。

同类青铜器概说

根据工艺不同，人物画像纹青铜器可分为刻纹人物画像纹和嵌错人物画像纹两种类型。前者约出现于春秋晚期，延续至战国中期，其出现比后者略早；后者大约出现于战国早期初叶，主要存在于战国早期，至战国中期已较为少见。

此处所谓的同类青铜器是指嵌错人物画像纹及与之纹饰可系联的青铜器，此类青铜器可分为出土器和传世器两类。

1. 出土器：

1935 年河南汲县（今卫辉市）山彪镇 M1，出土水陆攻战纹铜鉴 2 件；

1977 年陕西凤翔高王寺窖藏，出土宴享狩猎纹铜壶 2 件；

1981 年河北平山三汲 M8081，出土水陆攻战纹铜豆 1 件；

1994 年山西襄汾县南贾镇大张墓地，出土铜壶 1 件；

1995 年山西临汾公安局缴获，出土地点不详，水陆攻战纹铜钫 1 件；

2003 年四川宣汉罗家坝 M33，出土水陆攻战纹铜豆 1 件。

2. 传世器：

故宫博物院藏宴乐渔猎攻战纹图壶 1 件；

上海博物馆藏镶嵌画像纹壶 1 件；

北京保利艺术博物馆藏嵌错社会生活图案壶 2 件；

美国华尔特美术陈列馆藏画像纹铜豆 2 件；

加拿大皇家安大略博物馆藏画像青铜壶 1 件。

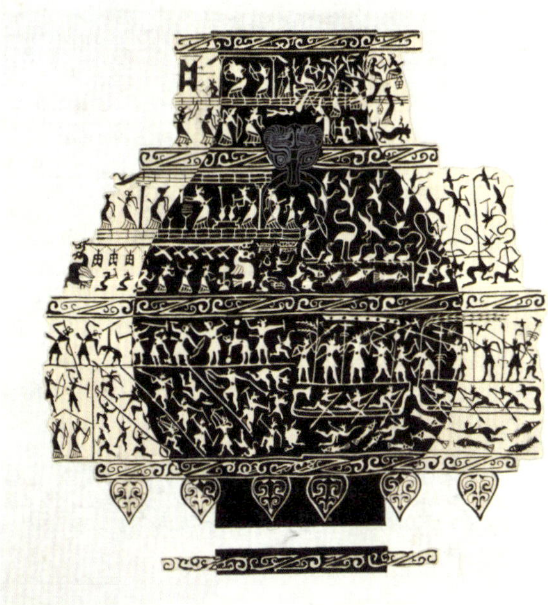

故宫博物院藏宴乐渔猎攻战纹图壶纹饰摹本

上海博物馆藏镶嵌画像纹壶纹饰摹本

另外，山西青铜器博物馆藏有水陆攻战纹铜鉴 2 件，为山西省公安机关移交，我们也将其录于此。

百花潭十号墓出土的嵌错宴乐水陆攻战纹铜壶，纹饰第四层为狩猎纹、对兽纹。狩猎纹也是画像纹的一种，我们将狩猎纹青铜器也撷举于此：

故宫博物院藏狩猎纹铜豆、铜壶各 1 件；

上海博物馆藏嵌错狩猎纹铜豆 1 件；

1935 年河南汲县琉璃阁墓地出土狩猎纹铜器有 14 件之多；

1941 年成都白马庙出土狩猎纹铜壶 1 件；

中国国家博物馆藏 1951 年河北唐山贾各庄 M5 出土镶嵌狩猎纹壶 1 件；

1982 年河南洛阳中州路出土狩猎纹铜壶 1 件；

成都博物馆藏成都青羊小区工地出土狩猎纹铜壶 1 件；

宣汉罗家坝 M2 出土狩猎纹铜壶 1 件。

根据以上梳理，嵌错人物画像纹和与之纹饰可系联的青铜器主要出土于黄河中下游区域，而且以三晋地区最为流行。对比嵌错人物画像纹铜器，其纹饰构图、内容、情节等极为相近，应是出自同一母题。另外，山西侯马铸铜遗址曾出土一件嵌错人物画像纹铜器残模，画面为采桑场景，几乎与上述青铜器中可见的采桑场景完全相同。因此，我们认为嵌错人物画像纹青铜器是在特定区域铸造之后流传开来的，其产地应当是晋或者三晋地区。

百花潭十号墓所出嵌错宴乐水陆攻战纹铜壶，当为产自中原地区的晋系青铜器，宣汉罗家坝出土的水陆攻战纹铜豆、狩猎纹铜壶，成都青羊小区工地出土的狩猎纹铜壶，以及 1941 年成都白马庙出土的狩猎纹铜壶均属于此类情况。这些铜器可能是经秦地，走蜀道，流传到四川地区，是文化交流的实物见证。同时证明，在春秋战国时期，巴蜀地区与黄河中下游地区存在着密切联系。

微距释纹

在此，我们将采用白描加考释，以微距的方式，对百花潭十号墓出土嵌错宴乐水陆攻战纹铜壶的纹饰逐层、逐主题分别进行介绍。

百花潭十号墓出土嵌错宴乐水陆攻战纹铜壶，穹隆弧顶盖，子口；盖面嵌错三个同心圆组成的纹饰带，里圈为卷云纹，中圈空白，外圈为十二个兽纹组成的纹饰带，由等距分置的三个惟妙惟肖的鸭形钮分为三组。壶体母口口部微侈，长颈，鼓腹，腹最大径居中，下腹内收，肩上有两衔环兽耳，圈足。壶身满饰嵌错图案，以嵌错三角云纹的凸箍为界带，壶身纹饰由上至下可分为四层：第一层为习射、采桑的画面，第二层为宴饮、乐舞、弋射、习射的场景，第三层为陆战攻城和使舟水战的场景，第四层为狩猎、对兽图案。圈足上嵌错蒂纹、菱形纹、短线组成的纹饰带一周。

该壶造型规整，嵌错精致，工艺精湛，精巧而奢靡，纹饰内容丰富、结构严谨，整器嵌错200多个各类剪影式人物，再配以兽纹、飞禽纹等纹饰，真实再现了东周时期社会生活的多个侧面。

第一层纹饰

第一层纹饰分为两组，右为采桑图，左为习射图。

采桑图，图上方有树木两株，枝叶茂盛。左面一株，枝间有一女子采叶，另一女子作攀登状；右面一株，枝间一男一女，皆以手援枝。树下有男子六人，女子五人，姿态各异：前方六人，其中一男子形体高大，

百花潭十号墓出土的嵌错宴乐水陆攻战纹铜壶纹饰摹本

腰佩剑，双手作挥舞状，其余四人皆面向此男子，左侧人仅见头部；左后一男子单手持弓，正抬头仰望树上女子；右后一男子用手牵住女子的双手；两树之间，一顶筐女子将枝柯状物递予男子。图中可见数个采桑所用的筐。

采桑图所描绘的桑林间场景，其所反映的主题历来争议不断。原发掘者认为，图像表现的乃是采桑的情景。此说一出，便为多数人所接受。一般提到这件铜壶，也都把这一部分图案称为“采桑图”。

李学勤先生则认为画面中的树可能是古代专门用来造弓的“柘桑”，并注意到图像中居主要位置的是男子，而不是携筐采叶的妇女。所谓“采桑图”中，男女攀缘于树，主要不是为了采摘桑叶，而是为了选取枝条用于造弓。这样的说法不仅新颖，也极有说服力，因而也得到不少学者的认同。

我们认为，图像中确实包含有采桑的主题。此主题的盛行当与中国古代丝织业发达有关。本器画面的左方，一女子于树上，正一手捧叶，一手采摘，可见原报告所谓采桑无误。同样题材可见于辉县琉璃阁 M76 出土的铜壶盖上和纽约古董商 J. J. Larry 收藏的一件战国图像纹铜方壶腹部纹饰。前者图案中的人物正从桑树上采摘桑叶，其前方的地上，放有一个篮筐，当是盛放桑叶所用。后者图像为我们更加生动地展现了采桑的主题。画面上方并列三棵桑树，中间和右边的桑树仍然枝叶繁茂，而左边的桑树上，桑叶已被完全采光了。诸器彼此参证，尤足以证明采桑母题的纹饰在

辉县琉璃阁出土的铜壶盖顶图案

J. J. Larry 所藏战国图像纹铜方壶上的采桑图

东周时期十分盛行。

不过，诚如李学勤先生所说，图像表现的主题绝不限于采桑。首先，图像中的人物确有男女之别。我们仔细观摩图像，纹饰中的男子头顶多戴有不同形式的冠或帻，而女子则或挽髻，或垂辫，与男子有所不同。李先生指出的那位画面中心的人物，双手高举，腰间佩剑，确是男子无疑。而画面中其他着冠、佩剑的人物，也都是男子而非女子。其次，所谓“采桑图”的图像中，如李先生所言，表现了与弓有关的题材：一男子单手持弓，正抬头仰望树上的女子。而在其他同类的纹饰中，往往绘有一男子持弓半跪，像在献弓，例如故宫博物院藏宴乐渔猎攻战纹图壶、上海博物馆藏宴乐纹铜壶、襄汾大张村出土采桑竞射纹铜壶等，其纹饰中均有此类身影。

故宫博物院藏宴乐渔猎攻战纹图壶上的采桑图

然而，假若我们就此认为图像所表现的主题便是拣选弓材，则又太过简单了。实际上，李先生已经指出，画面中不但有一个顶筐的女子正在把一件枝柯形物递予男子的“授受”情景，还有一个男子用手牵住女子的双手。他认为，这在竭力鼓吹“四勿”的孔子门徒看来，乃是一件“大逆不道”的事情。但问题是，以“拣选弓材”为主题的图像中，为什么会有这样的场景呢？

对此我们的解答是，画面中之所以出现男女错杂、私相授受的情景，是因为图像所要表现的，正是“桑间濮上”男女幽期密会的主题。古代，桑林本是男女幽会的场所。《诗经·鄘风·桑中》描写的便是一位士人同他心仪的女子相约在桑林中会面的情景。实际上，直到春秋战国时期，桑间作为男女聚会的场所，“桑中”作为一种有关情爱的隐喻，仍为当时之人所熟知。

关于桑间的隐喻，我们还可以从汉代流传的一些故事和画像砖中有所感受。刘向《列女传》中记录了几则不同的故事，如陈辩女的故事、秋胡戏妻的故事、《陌上桑》的故事等，故事描写男子见色心喜，发生的地点或背景都与桑林、采桑有关。四川博物院藏东汉“桑林野合”画像砖，绘男女二人于桑树之下自由交合的情景，画面一角还绘有采桑所用的篮筐，可知图中艳情的发生也是和桑林联系在一起的。

以上种种自然不是一种巧合。实际上，桑在古代常与私通一类的意象相关联，男女由幽会而相通，其地点通常都在桑林之内。故而，桑林对于古人来说实有一种特殊的意味，每一提及便足以让人产生遐想。这也是《列女传》中，男子为何都对采桑女见色起意的原因所在。

那么，桑林何以会有这种特殊的象征呢？这大概与古人祭祀高禖的习俗有关。高禖是古代一种神职，而且当为生育之神。据《周礼·地官·媒氏》文，“媒氏”之官，“司男女之无夫家者而会之”，“令男三十而娶，女二十而嫁”，其于仲春之月，则“令会男女，于是时也，奔者不禁”。这在古代本是一种特别的风俗，主持其事的“媒氏”，其实就是古代高禖之神的象征。而男女相会同游的场所正是桑林。更进一步说，我们发现，桑林往往还和云雨联系在一起。古人求雨，往往需要祭祀桑林。在古人心中，桑林能够“兴云致雨”，而云雨之喻，通常又与男女之情联系在一起。

了解到这一层，则桑林中包含的种种象征意味就基本清晰了。本器图像中所谓“采桑图”，实则就是古人为了“蕃育民人”，祭祀高禖之神的场景；也是仲春之月，男女在桑林相会的古老习俗的影像。图像中出现的持弓元素，很可能是与祭祀高禖的风俗相联系的。《礼记·月令》记述郊祀高禖的仪式：“以大牢祠于高禖。天子亲往，后妃帅九嫔御。乃礼天子所御，带以弓韣，授以弓矢，于高禖之前。”据此，则高禖之祠原本就与弓矢有关。而画面中男子持弓的场景，大概未必是在拣选弓材，而更可能是如《礼记·月令》所说，“带以弓韣，授以弓矢，于高禖之前”。

习射图，图上方有一建筑物，有五人，皆左向。其中两人并射，一人引弓待射，一人刚刚发弦；檐外立一佩剑人，双手举旌，当为箭射中时高声唱获的“获者”；建筑物左部阶上，跽坐一人，为计算胜负的“释获者”，手中所拿是计数用的算筹；射者右侧有一人立于檐下，双手持弓而立者，是指挥竞射的执事者。图下方另有五人，有执弓挟矢者，有徒手者，当为准备竞射的候射者；再往下三人跽坐于地，其前分别置鼎、俎等，是专司膳食的仆从。此图最左侧缺少了射侯。

古代列国之间战争频繁，君主和贵族为了维系统治，向外扩张，都离不开武力的支持。君子出身的贵族阶层，遇有战事每每需要亲临战场。因此，君子所习的“六艺”中，射、御均占有重要地位，乃至与礼、乐相并称。

古人演习之射礼大体分为“主皮之射”和“礼射”两种。前者以兽皮为箭靶，要求所发之箭一定要贯穿兽皮，重实用技能，为战争、狩猎的需要。后者则重在行礼，其过程中的一举一动都要合乎礼仪规范；至于射者力量的强弱，反而不问。从“主皮之射”到“礼射”有一个发展过程，这个过程也是“射”脱离实战功能，逐渐礼仪化，演变成“六艺”之一和君子修养之道的过程。

我们认为，本器第一层“习射图”描绘的射礼，应该和第二层纹饰中的“宴饮乐舞图、习射图”有关，表现的是同一主题——燕射。射礼一般具有相对固定的程序，以《乡射礼》为例，射礼前先要戒宾、迎宾，做种种准备工作；宾客入座后即开始举行宴饮，待宴饮的基本环节完成后，则进入正式的射礼活动；射礼结束后，还要继续宴饮。

礼射的场所称为“射宫”，又可简称为“射”。古人行射礼时，并非一人独射，而是由两人相配，组成“射耦”，以此为单位进行射箭，谓之“耦射”。上海博物馆藏有一件宴乐画像纹铜椭杯，其上所画的射礼图，描绘的正是二人相耦同射一侯的情景。

组成射耦的两人，一般是由司射挑选出来的射艺相差不大的两人，这个过程称为“比耦”。比耦之数，三耦大概是古代礼射的一种通则，后世礼制增繁，才有了四耦、六耦的分别。故宫所藏宴乐渔猎攻战纹图壶上的

上海博物馆藏宴乐画像纹铜椭杯上的射礼图

“习射图”，堂上绘射者二人着长裳立于两楹之间，一人引弓待发，一人则持弓抽矢，在做继射的准备。此二人即三耦中的“上耦”。堂下四人并排站立，皆右向，着长裳，正要登堂继射（图中省去了台阶）；这四人中，凡二人垂手，二人执弓抽矢，依次间隔排列，很可能就是三耦中的“次耦”和“下耦”。而在《仪礼·乡射礼》中，上耦升堂时，次耦、下耦都在堂下等待，这和画面中表现的情景完全相符。可见图像中所描绘的情景，确实当为三耦射。百花潭出土的这件铜壶，于堂上射者身后、楹外屋檐之下，绘有一人释弓而立，其身份当为司射。根据《仪礼·乡射礼》的说法，在射礼的第一番射中，先要由司射指导射箭的动作，称为“诱射”。图像中描绘的，正是竞射开始后，上射已经射毕，而下射正要张弓待射的情景，此时司射已完成示范教学，

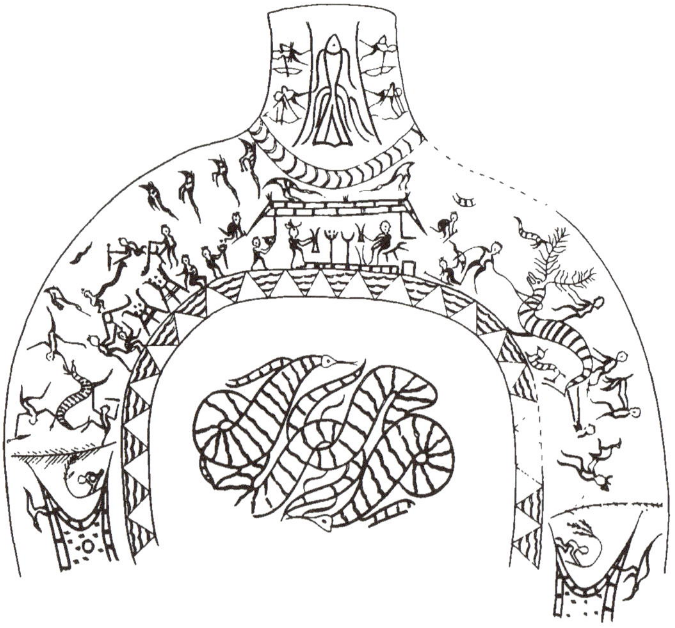

洛阳战国铜匜上的纹饰

正退在一旁监督射礼的进行。画面的下方，除次耦、下耦外，还有一人双手前举，回头反顾，像在引导次耦、下耦。我们推测此人当为司马，是整个射礼过程中总管各项事务的人员。

古人习射时，还需有人观察和统计射中的情况，来决定胜负。而负责观察和统计的人员，便称为“获者”和“释获者”。图像中，判定获者的标志是获者所执的旌。如洛阳战国铜匜上，射侯前方绘有一名执旌者，此人即获者。百花潭铜壶上同样出现了获者，但故宫、上海博物馆所藏的铜壶中则都没有获者，而只有释获者。这可证同一主题的图像，其画面中出现的人物也会随器物空间的安排而有所增损。

整个竞射的过程分成三轮，称为“三番射”。其中第一番射属于示范的性质，射者射中时，获者虽唱获，而释获者则并不计算其射中之数，是谓“获而未释获”。到了第二轮、第三轮射的时候，则由司射先升堂，向宾客“请释获”，得到宾客的允许后，即命令释获者设置盛“算”的“中”。释获者将八枚“算”置入“中”内，以备计数之用。待射者发箭后，获者根据射中的情况唱获，扬旌时唱声要高，偃旌时唱声随之降低，即所谓“举旌以宫，偃旌以商”。射者若射中，则由释获者取出一枚“算”，放在地上。上射射中的放左边，下射射中的放右边，称为“释算”。待三耦全部射完，由司射监督释获者统计射中的次数，并把胜负的结果报告给宾客。以上为竞射的基本过程。

现在来看百花潭出土的这件铜壶。图像中，堂外站立者着长服，腰间佩剑，双手执“旌”，当是“获者”，行射时负责观察、报告射中的情况。堂上跽坐者着短服，手中执“算”，当为“释获者”，行射时负责计算射者射中的次数，以定胜负。其手中所执的，乃是计数用的算筹。此外，值得一提的是，国内现存的画像纹铜壶，由于画面安排的缘故，在“习射图”的部分，通常只有释获者而没有获者。百花潭出土的铜壶，虽然因为空间的原因而少画了箭靶（射侯），但对于获者和释获者则都做了细致的描绘，这在同类器物中十分难得。

第二层纹饰

第二层纹饰主要分两组：左面一组为宴饮、乐舞图像，右面一组为弋射、习射图像。

宴饮、乐舞图像，左上为一宏阔的建筑物，堂内悬挂一弓，左二人右向，后一人为执长柄扇的侍者，前一人凭几而坐，一手伸出作接物状，右四人皆左向站立，第一人前置二觚，双手持觯进献，第二人前置禁，禁上置圜壶，一手举觚，一手执勺斟酒，另两人侍立。建筑物下方，左边悬编钟四件一组，右边悬编磬五个一组，每组各二人执桴敲奏，另有四人与之交替间隔，吹奏笙、箫。建筑物右边四人分两排执矛作舞，舞姿一致，右下置一建鼓，左右各一人执桴敲击；舞者下可见三人跽坐，其中二人共抚一物；旁置一鼎。

古人宴饮，依礼当有不同的规格。我们认为，图像中表现的并非一般的乡饮酒礼，是级别更高的飨燕礼，这是一种关于行酒的礼仪，其仪节的中心是献宾礼。在整个献宾的过程中，又以主、宾之间的“献”“酢”“酬”最为重要。“献”就是主人取酒爵，到宾席前进献；“酢”是宾取酒爵，到主人席前回敬；最后，则由主人取觯自饮，然后劝宾客随饮，称为“酬”。整个“献”“酢”“酬”的过程，合称“一献”。百花潭出土的这件铜壶的“宴乐图”，表现的正是一献之礼中宾酢主人的阶段。图像中主人凭几而坐，似乎正要起身，其后为一执长柄扇的侍者；主人前方，一人持爵进献，其身后一人执勺注酒，另有两人垂手侍立。画面十分生动。

值得注意的是，本器“宴饮图”中，主人前方的墙上挂有一张弓。

这暗示我们，图中所绘的宴乐场景，很可能还与射礼有关。文献中有举行射礼，先燕而后射的记载。进而我们认为，古代射礼并不独立于宴享，而是处在宴享中间阶段的一种礼仪。

古人于宴饮之时，还要奏乐以娱宾。据《礼记·乡饮酒义》，乡饮酒礼中奏乐分成四个环节，即一升歌，二笙奏，三间歌，四合乐，每一环节都有相应的乐章需要演奏。飨燕之礼的等级更高，其在升歌之前还有一个“金奏”的阶段，用于迎送宾客。金奏就是以钟镈进行演奏，是一种高等级的奏乐。据说，只有天子飨燕诸侯的时候，才能“金奏《肆夏》之三”，足见其礼甚隆。若一般州、乡举行乡饮酒礼，则有悬磬而无编钟，这是乡饮酒礼和飨燕的不同之处。本器宴乐图中的奏乐场景，则明确出现了一组编钟，可知其表现的应当不是乡饮酒礼。除金奏之外，飨燕的过程中还增加了“管”“舞”等项目。“管”是吹管，“舞”是乐舞，表演时也都有相应的乐章。这些都是飨燕比乡饮酒礼隆重的地方。

下面我们来说说陈乐。乡饮酒礼的奏乐，其中第一个环节是升歌，即由乐工四人登堂，其中二人为歌者，二人为瑟工。除此之外，则钟磬笙鼓，全都陈设于堂下。

比较百花潭出土铜壶与故宫博物院、上海博物馆铜壶的陈乐画面，我们会发现百花潭铜壶上画面中，编钟、编磬陈于两个楹柱间的室内，楹柱上端斗拱清晰可见，给人以编钟四枚、编磬五枚直接悬于两层建筑之楼下屋顶的感觉；悬间共八人，其中立者四人，手中各执一桴，双手高举；左二人击钟，右二人击磬；余四人跽坐于地，正吹笙奏簧；右方楹柱之外竖一建鼓，建鼓左右各有一人，正相对击鼓。而后二者的陈乐方式大体相同，图像中宴乐的场景分成堂上、堂下两部分，乐器均陈放于台阶之下（图中略去了台阶），钟磬悬挂在鸟兽形的簨虡上。

美国华尔特美术馆藏铜豆宴乐图像

我们再将上述三壶与美国华尔特美术馆藏铜豆、陕西凤翔高王寺出土铜壶、河北平山三汲出土铜豆宴乐场面作对比，发现后三者陈乐方式与故宫博物院、上海博物馆铜壶相同，与百花潭铜壶相异。

诸铜器的图像出于同一母题，百花潭铜壶与其他诸器在陈乐方式上出现如此大的差别，与礼制不合；且楼上宴饮而楼下奏乐，于理实有不通。一般而言，宴乐场景当分为堂上、堂下两部分，实有台阶通往堂上中庭，如美国华尔特美术馆藏铜豆上的宴乐场景，而奏乐的场所均位于堂下，绝不会出现楼上、楼下的分别。

究其原因，我们认为当是百花潭出土铜壶画面安排出现错误。我们进一步推测，大概画师在为图像绘制底本时，原本是想描绘一种立柱式的钟架，而陶匠制范的时候，则因画面上方已有楹柱，于是便将此处钟架的立木误解成了两楹，遂出现了楼上宴飨而楼下奏乐的场景，因而便有了前文所说的错误。就我们目前收集的铜器中，似乎只有保利艺术博物馆所藏的两件铜壶与百花潭出土的这件情况相同。而两者在其他一些细节上也基本一致，足证其同出一个范本。在某种程度上也说明，铜器铸造过程中纹饰会受空间限制而减省，甚至会出现较为明显的错误。

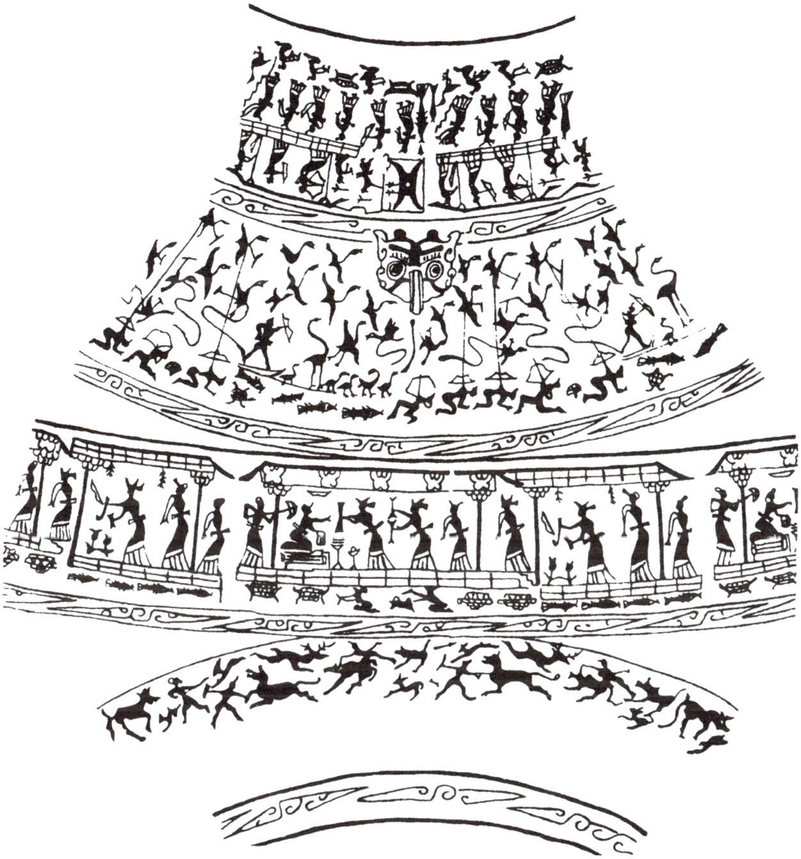

陕西凤翔高王寺出土铜壶纹饰摹本

宴饮图的右侧表现的是乐舞情景。古人于奏乐之余，往往伴有乐舞表演。舞，本来也是乐的一部分。古人还将乐舞当成修习礼乐的重要环节，贵族阶级从小接受教育，便要学习舞乐。铜壶上的乐舞图是左侧宴饮的一个延伸，是宴乐图的一部分。乐舞图像中人物分为两行，其中左侧四人执矛起舞，右侧两人则驻足观看。图像中描绘的执矛的乐舞，表演的既不是执干戚的《武》舞，也不是执翟籥的《大夏》等正式的曲目。春秋时期，宴饮中的舞是以《诗》为基础的，但舞时所用的究竟是何诗，则要根据环境来决定。

有学者把图像中的乐舞和铜壶出土地点联系起来，认为其是文献中的“巴渝舞”。原发掘者就是如此认为：“此壶出于四川，可能这一武舞造型，即取材于固有之‘巴渝舞’。”实际上，与百花潭铜壶乐舞图像相同者，并不仅仅见于四川，例如河北平山中山国墓出土的一件铜豆、保利艺术博物馆收藏的两件铜壶、美国华尔特美术馆收藏的两件铜豆，以及近年宣汉罗家坝 M33 也出土了一件铜豆，其纹饰中所见乐舞图也都和本器图案中的完全一样。除宣汉出土铜豆外，其他诸器均与四川无涉，而且这些器物几乎全都表现出鲜明的中原文化特征，很难说是按四川的主题进行铸造的。

百花潭出土铜壶的弋射图像，图左为短装射者四人，用矰缴（系绳的箭）仰射飞鸟，空中向右飞翔鸟群，已有数只贯矢下坠。其右边下为一穹顶帷帐，中立都柱，上有斗拱支撑帐顶；帐内六人，中有着长裳三人，皆左向立，一人持弓，一人垂手伫立，一人于壶边执勺取饮；另三人着短服，跽坐于地；屋内下部摆放猎获的禽鸟，帐外有一禽鸟飞过。

“弋射”又称“缴射”，是古代狩猎的一种方式，《汉书·司马相如传》：“微矰出，纤缴施，弋白鹄……”颜师古注曰：“以缴系矢，仰射高鸟，谓之弋射。”其狩猎对象是飞鸟，即将丝绳（缴线）系在短箭（矰矢）上，用于仰射飞鸟。《诗·郑风·女曰鸡鸣》：“将翱将翔，弋凫与雁。”凫是野鸭，雁是大雁，可见弋射的对象应该是以候鸟为主。故有学者认为弋射是一种季节性很强的狩猎活动。

依据文献记载和相关图像资料，我们可以大致复原弋射的过程：弋射之时，将缴线一端缠缚于箭矢的中部，由于缴线较长，另一端绕于放置在地面的缴线轴上，射中飞鸟之后，缴线缠绕，从而将之捕获。

百花潭出土铜壶上的弋射图中，我们可以清楚地看到，弋者射出的短箭并非射中飞鸟，而是越过凫、雁，以箭身所系缴线缠缚在凫、雁的脖颈之上，使之坠落。通过图像，我们不仅了解了古人弋射的过程，也修正了人们对弋射中缴线作用的认识，除可以用来回收射出的箭矢外，缴线更重要的作用是缠缚飞鸟。林巳奈夫著《殷周青铜器综览·三》所收弋射图表现得尤为明显，缴线沿射出的方向往后折回，套住了飞鸟的脖颈。同样，汉代画像石中也可见，南阳靳岗曾出土的一块东汉时期的画像石（编号 HN–NY–189），也为我们清晰地展现了弋射的瞬间，弋者援弓射中一只大雁，缴线缠绕在大雁的长颈上，而弋者似乎还在用力拖拽。

由于缴线的另一端必须绕于缴线轴上，除防止弋射中缴线纠缠之外，还需要在地面固定，防止射出的箭、缴被飞鸟带走。法国巴黎私

《殷周青铜器综览·三》所收录的弋射图

南阳靳岗出土的弋射画像石（编号 HN–NY–189）

人藏家收藏的狩猎纹铜壶中，射者所执弓矢的下方，通过缴线直接与一种球形之物连接，当即古书所说的“磻”。百花潭出土的铜壶上，缴线下端似与一提篮形装置连接，我们认为，提篮形装置是将磻与缴线轴结合改进而成。此种装置，更清晰的形象见于四川博物院藏东汉“弋射・收获”画像砖画面中。两名弋者身旁各放有一个篮形盛具，其中并排装设有四个绕线所用的转轴，弋者所持之矢，即通过缴线连接在此转轴上，因此弋者发箭后，可以通过转轴将其回收，是一种滑轮式的弋射装置。

百花潭出土的铜壶上的弋射图像右下的帷帐画面应当与射禽有关，其表现的仍是弋射主题，帐内排放的禽鸟正是弋射图左侧弋射所得。帐内站立的三人皆着长服、腰间佩剑，与弋射者服饰差异明显，我们再结合美国华尔特美术馆所藏铜豆的图像，其上弋射图最右方有一男子，也身着长服、腰间佩剑，手提一只弋获的禽，明显是弋射图的一部分。由此可知，弋射主题中出现了服饰、身份地位不同的两种人物，着长服者当是身份地位高的贵族，帷帐是专供其更衣休憩用的。

此类穹顶帷帐的渊源尚难考证。根据金文资料，可能在西周时期

“弋射・收获”画像砖拓片

就已经出现了可以移徙的帷帐，并用于周王巡行。因为移动方便，帷帐也可以张设于离宫别苑、战场等不同的场所。百花潭铜壶所绘的帷帐图像，也是这类帷帐中的一种，但形式可能更简单，因而也更便于搬迁，为我们认识东周时期的帷帐提供了生动的影像。

第三层纹饰

这一层为水陆攻战图像。攻城在左，舟战在右。

攻城图像分上下两层，上层为守方，下层为攻方。城上十一人，第一人执矛下刺；第二人揪第三人头发，挥剑下砍；第四人执盾挥戟；第五人将攻方一人首级砍下，尸身已坠城下；第六人执剑、弓，被举剑的第七人揪住头发；第八人俯身擂石，一手捡石一手掷石；第九人执盾挥剑；第十人正在躲避第九人的劈杀，手中武器刺向第十一人；第十一人手执剑，面向第十人作劈砍状。城下，云梯组在左共三人，二人在上，一人在下；距堙组之一居中，三人，一人坠城（身首异处），二人继之；距堙组之二共五人，两人执盾挥剑作攀登状，右上二人，左侧人作跌倒状，右侧人揪左侧人头发，右下人作倒坠状，无首；左侧夹角二人，一为弓箭手，一人执剑盾，可能为守方。

李学勤先生在论述百花潭出土的铜壶时，认为攻城图上，进攻方并未使用云梯。对比山彪镇M1出土铜鉴纹饰，可以看到有一组士兵借助云梯攻城，其中一人推舆，三人举梯，两人冒矢石而上，这一场景在故宫和上海博物馆收藏的铜壶上也有所反映，只是对云梯进行了简化。上述两壶与百花潭出土铜壶主题一致，然后者纹饰精简过甚，仅仅保留了攻城的人物，图中一人位于攻城二人之下，推测当是举梯者，表明该图中也有云梯，不知何故将之直接省略了。《墨子·备城门》在叙述攻城方式的时候，曾将“梯”作为攻城的手段之一，同书《公输》《备梯》等篇也有相关记述，将其称为“云梯”。可见春秋战国时期，云梯确已应用于实战当中。

图中还有两组攻城者，当为借助距堙进攻。《墨子·备城门》中还有一种攻城手段为“堙”，《孙子·谋攻》称之为“距堙”。具体说来，即攻方在城下垒土铺道，形成斜坡，作为登城的凭借。《墨子·备高临》有所谓“薪土具上，以为羊黔”，“羊黔”，《墨子·杂守》中也称为“羊坽”，当为同一种手段。

攻城战中兵器可见戈、矛、剑、盾、弓、戟等。据考古资料，先秦时期戈柲长度根据使用的需要有长、中、短之分。郭宝钧先生曾提出：“普通与人站立时的眉端稍等谓之中兵，比中兵长一倍的谓之长兵，隔杀或车战时用之最便，比中兵短一半的谓之短兵，一手执盾者用之最便。”百花潭出土铜壶的水陆攻战图像中，此三类铜戈均可见到。

另外，兵器戈、戟、矛的柲上都可见单独附的觡，“觡”的本义是指鸡距，钩形，生于鸡爪后稍上，因为角质，亦可写为觡，雄鸡争斗时作为武器。考古资料中可见单独的觡出土，在戈、戟、矛的柲上加装觡是为了增强杀伤力，在一定程度上说明了当时战争激烈程度和残酷性。

舟战，是以左右二舟对抗，舟分上下两层，左舟张帛为旗，右舟析羽为旌，上层各有五人，二舟尾各有建鼓、跽坐执桴敲击者一；下层各有四人划船。两船上层战士作互攻状，前二人持短剑肉搏，后面人执戟、戈、矛互攻助战，两舟之间有一落水者。

春秋中后期，随着吴、越两国的崛起，春秋争霸战场上的战争形式发生了前所未有的变化，由陆上作战变成水陆两路作战，“舟师”开始在文献记载中出现。正如清人顾栋高在《春秋大事表》中所概述的：“传文所载，初年仍古法用车，最后毁车崇卒，吴、楚、越则用舟师。”

舟战多见于南方，盖因吴、楚、越处于长江一线，水道纵横，便于行舟，故舟师乃是三国常用的作战单位。例如《左传・昭公二十四年》：“楚子为舟师以略吴疆。”又如《左传・昭公二十七年》，楚军“与吴师遇于穷，令尹子常以舟师及沙汭而还”均可为证。又《左传・昭公十七年》记长岸之战，楚师大败吴师，“获其乘舟余皇”，可见战争中会刻意俘获对方战船，进而可证战船的重要性。

春秋晚期至战国，舟战主题作为青铜器纹饰在地处北方的三晋地区流行，当是黄河流域与长江流域文化交流的产物。

战船之上陈设金、鼓，《诗经・小雅・采芑》曰：“钲以静之，鼓以动之。”可见二者用于节制士兵进退。《左传・庄公十年》记载长勺之战，曹刿在论述取胜的原因时说“夫战，勇气也。一鼓作气，再而衰，三而竭”，可见战争中进攻必鸣鼓；而且，鼓多在主将的战车上，主将必秉桴击鼓，激励士气，足见其重要性。《左传·成公二年》在齐晋搴之战中记述“郤克伤于矢，流血及屦，未绝鼓音”。晋军最终取得胜利。该图系舟战场面，鼓在舟尾，长戈状鼓架横贯于鼓腹，可能为建鼓。

战中鸣金则停止进攻，即所谓“鸣金收兵”也，所谓“金”，一般认为即钲，其在典籍中又称“丁宁”。《左传·宣公四年》记若敖氏之乱，“伯棼射王，……著于丁宁”，杜注：“丁宁，钲也。”从百花潭铜壶和其他作战图像来看，战国时期阵上用的“金”附于鼓架台座上，有一条盘旋弯曲的杆与之连接，山西潞城潞河战国墓出土铜匜之刻纹中，图像明确可见为钲。另外，本器宴饮场景中也有建鼓和钲的组合，证其也可用于宫廷宴享、宗庙祭祀之乐。

战船之上还陈设有旌、麾等，为指示士兵迎敌方向之用。《周礼·春官·司常》载：“司常掌九旗之物名，各有属，以待国事。……通帛为旜，杂帛为物，……全羽为旞，析羽为旌。”郑注：“通帛谓大赤”，“杂帛者，以帛素其侧”，“全羽、析羽皆五彩，系之于旞旌之上，所谓注旄于干首也”。《仪礼·乡射礼》：“旌各以其物。无物，则以白羽与朱羽糅，杠长三仞，以鸿脰韬上，二寻。”沈从文先生在《中国古代服饰研究》中有详论：旌是旗类总称，如不用绸帛，即用红白长羽混杂杠子约长二丈，应即“翿旌”，用来指挥军队左右进退。所谓“通帛”，即整匹绢帛，正合后人释主兵事的蚩尤旗“制如匹帛”，也就是麾。图中所见，古人或名“旜”“旞”，较后通名“旌”“麾”，是用来指挥军事攻击或防御方向的，和节制进退的金鼓同为古代战争进行中不可缺少的工具。

第四层纹饰

可分为上下两组。上边一组为狩猎图像，有禽兽 31 只，四猎人正持矛分别与兽搏斗；下边一组为 13 个对兽纹和桃形图案组成的图案一周。这一层图像极其简单，更多是花边装饰的作用。经过比对，该壶盖上的兽纹也应属狩猎纹。

狩猎纹是画像纹的一种，始现于春秋晚期，主要流行于战国时期，内涵以狩猎场面为主，还有不少复杂的图像，如一般都会出现“羽人类”带有神话传说色彩的神物形象。

狩猎纹青铜器特征鲜明，长期受考古学者和美术史学者的关注和珍视。早在 20 世纪 30 年代，主题纹饰是狩猎纹的青铜器就已有学者关注，因其纹饰中多见鸟、蛇主题，许多论作以为是吴、楚地区的文化特征，现在看来在中原地区也较为流行。

从战国早期开始，狩猎纹与采桑、习射、宴乐、战争等纹饰场面已搭配使用，但在多数铜器上属于辅助纹饰。在与其他表现社会生活的图像结合之后，狩猎纹去掉了神话色彩的图像，仅保留了写实的狩猎场景。这一变化从侧面说明，嵌错人物画像纹纹饰来源于东周时期真实的社会生活，狩猎纹可能是东周时期贵族在苑囿中狩猎的写实图像。据《周礼·夏官·大司马》记载，周王有春蒐、夏苗、秋狝、冬狩的四时蒐狩制度，更多地具有兵事和祭事的性质，所获猎物供祭祀、宴乐之用。到了春秋战国时期，狩猎的祭祀功能消退，宫苑狩猎大抵属于娱乐活动，是贵族社会生活的真实写照。

有一个有趣的现象，百花潭十号墓中与嵌错宴乐水陆攻战纹铜壶一同出土的有椭圆镂空柄首刀，刀柄部阴刻狩猎纹，有学者认为此刀可能属北方文化器物。若由纹饰系联，其应该是与铜壶一同流传到成都平原的器物，是三晋地区铸造的铜刀。

该壶不论从纹饰风格还是装饰技艺来讲，都是东周时期我国青铜文化新风尚、新技术的代表；加之壶身图像可以与相关文献记载互证，为我们直观认识春秋战国时期的社会生活提供了弥足珍贵的图像资料。

壶外乾坤

青铜器是社会历史变迁的物质成果之一，映射着当时技术与艺术、社会与生活、思想与文化等方面的变化，应视为社会、历史发展的直接见证物。从春秋晚期开始，一系列新技术、新工艺的出现、流行，促使青铜器铸造工艺发生了飞跃式发展。这一时期青铜器纹饰陡然变化，纹饰中种种推陈出新的变革，将中国青铜器的艺术水平再次推向顶端，造就了中国青铜器发展史上的第二个高峰。嵌错人物画像纹在这一阶段大放异彩，堪称中国青铜器纹饰的奇葩，透过纪实性的人物画像纹，我们可以一窥春秋战国时期的历史实况。

技术与艺术

青铜器的嵌错工艺是指在青铜器表面镶嵌其他金属，构成纹饰、图案和文字等，利用青铜与其他金属的色彩对比，达到装饰性的一种青铜装饰技术。以百花潭十号墓出土铜壶为代表的嵌错人物画像纹青铜器，是东周时期嵌错技术方面的珍贵实物资料。

在传世器中，有早至商代的青铜兵器之上镶嵌红铜，因为非科学发掘所得，该技术是否可以早到商代还需进一步确定。1911 年以后在山东滕州出土有夆叔三器（敦、盘、匜各一），器上有红铜嵌成的兽形花纹，花纹为两面可见的透嵌，这批器物的时代为春秋中叶，可知嵌红铜的技术可能在春秋中叶就已经兴起。

春秋晚期到战国时期，嵌错工艺已经广泛见于列国。然这种工艺不见于文献记载，对于其工艺复原只能依靠科技考古学研究。一般认为嵌错工艺程序可能为：铸造铜器时预先铸好纹饰沟槽，将红铜锤打成薄片或者长条形，压入沟槽中，加以锤打，磨错即成；预铸的沟槽横截面为梯形，上窄下宽，如此嵌入的红铜才比较牢靠。

有学者对湖北随州曾侯乙墓出土的盥缶和甬钟的镶嵌红铜纹饰做了取样检验，通过金相分析和模拟实验验证得知，两件样品均为铸态组织，而非锻打所形成的变形组织。因此，嵌错纹饰的青铜器，有一种工艺是在浇铸青铜器之前，先铸就其他金属的纹饰花纹薄片，再将之镶嵌于青铜器范芯上，随后浇铸铜液，使纹饰薄片与青铜器铸合为一体。研究者认为，这种技术可能源于商代、西周时期铜质垫片的使用，此种工艺可称为“铸镶法”或“嵌铸法”。山西侯马遗址铸铜作坊出土的采桑纹陶范，就是用来铸造嵌错人物画像纹纹饰薄片的。

嵌错人物画像纹因铸造需要，纹饰薄片需要占据部分器壁厚度，故器壁通常较厚，形制亦较大，多施于壶、豆、鉴等器之上；而且此类纹饰皆施于不受热的器物，可能因为受热会对纹饰造成损坏，进而说明嵌错技术对于器物类型和功用是有选择的。此种工艺复杂、纹饰奢华的铜器，其分布和流通区域广阔，说明在当时就被珍视为艺术品，受到贵族阶层的追捧。

嵌错人物画像纹一改我国商、周时期青铜器纹饰对称分布的基本特征，在纹饰的空间布局、表现手法上有了创造性的改变，画面构思、形象设计已可归入狭义的绘画艺术的范畴，有学者做过专门的论述。

此类铜器在构图上采用多层次排列和穿插接续的布局方式，在同一器物表面表现多个物象和场景。前者是指器表图像被分为若干层，每一层内表现不同的主题，不同层的纹饰主题可能有联系；后者是指每一层横向穿插描绘，不同场景间并没有明显的界线，而是依靠内容和形式的差异作截然的分隔，不同场景之间不存在共用的层次。以百花潭十号墓出土嵌错宴乐水陆攻战纹铜壶为例，器表图像以嵌错三角云纹的凸箍为界带，分为上下四层；每一层的不同场景横向穿插，独立、完整，相邻画面在布局上没有相互影响、牵制的现象存在。由于构图、布局的成熟与精巧，器物表面空间被最大限度地利用，画面排列、穿插自然，给人以气势恢宏、生机盎然、散而不乱的感觉。就形象设计而言，人物、鸟兽均简洁、有动感而富有生趣，剪影式的动态人物造型，通过简单的姿势即可表现其所从事的各种活动，是当时绘画技法中写生能力和表现技法水平的实证。

需要指出的是，由于没有掌握透视原理，图像均为正侧面剪影式形象，平排放置，前后关系也只能通过上下放置来表现，进而使画面立体感差，没有景深，缺乏生动的实感。这也是受传统对称式纹饰影响的表现，画面依然带有较强的图案色彩。

另外，仔细比较嵌错人物画像纹铜器，相同主题纹饰都有草率甚至错误之处。本文所涉的铜器中，故宫铜壶第一层纹饰中射宫的高台一直延伸到了采桑图像中，将采桑图分成了上下两层，破坏了画面的完整性，明显是一个铸造错误；百花潭铜壶第一层纹饰习射图像中省去了射侯，第二层纹饰中，增加的帷帐叠压在原本的习射图像之上；凤翔高王寺铜壶颈部习射图像倒置，腹部宴乐图像中省去了乐舞场景。再如，除华尔特藏铜豆外，其他诸器宴乐图像中均省去了通往堂上中庭的台阶；若将诸器习射场景对比，会发现获者、释获者及射礼的执事人员等，都是可以根据空间减省的。上述草率甚至错误之处，研究者若不细加分辨，则容易陷入误区之中。

因此，我们认为，嵌错人物画像纹青铜器在铸造之前，均统筹安排了画面布局，而且纹饰图像更多地需要迁就画面空间；纹饰图像的不完美并不影响器物的使用和流传。

嵌错人物画像纹是以绘画为底本的，是研究我国战国时期绘画艺术的珍贵实物。纹饰整体是绘画雕刻化的表现，借用了绘画艺术的复杂构图和线条造型的基本技法，是战国时期绘画艺术的局部反映。在很多主题和表现手法上，嵌错人物画像纹青铜器与汉代盛行的画像砖石艺术存在传承关系，开汉代画像砖石艺术之先声。

社会与生活

嵌错人物画像纹用写实的手法，以描绘社会生活为主，再现了东周时期的历史实况；将习射、宴乐、弋射、采桑、战争和狩猎等主题相结合，刻画细腻入微，栩栩如生，生动地复原了2000多年前人们的社会生活；为我们了解当时的生活风俗、礼仪规范、战争状况等提供了珍贵的图像资料，故有学者将之称为嵌错社会生活图画。1949年之后，随着线刻画像纹和嵌错画像纹铜器的陆续出土，学界通过解读此类器物上的纹饰图像，对其所反映的东周社会、历史等做了深入的研究。

综合梳理嵌错人物画像纹铜器，纹饰图像大致包含以下几项内容：

1. 习射：图中有一建筑物（射宫），图左设侯，两人并射，其后又有候射者依次等待，画面中或可见获者、释获者、司马、司射等。画面可与《仪礼・乡射礼》相对照，是东周时期射礼的生动重现。

2. 宴饮：一般是在宏阔的建筑物（如路寝之类）之内，宾主进行飨宴，有侍者侍候，可见取食、斟酒、献酒等画面；堂前可见执矛作舞的场面，下边有编钟、编磬、建鼓、笙、箫等演奏场面，是战国时期贵族“钟鸣鼎食”奢靡生活的再现。

嵌错人物画像纹铜器上的习射、宴乐两个主题，还原了春秋战国时期贵族在宴乐过程中举行燕射的过程、器用制度、礼仪仪轨等，在一定程度上佐证了文献记载。

3. 弋射：画面一般为四名短射者，张弓向天，用矰缴仰射飞鸟，有鸟已经贯矢下坠；有的画面可以看到弋射飞禽的地点为泽。百花潭出土铜壶还可见野外所用的帐幕。

4. 采桑：画面以两株桑树为最显著，枝间有人采摘树叶，此画面为一般采桑主题所必备；树下有男、有女，人数不固定，姿态各异，不同器物上画面会有差别。对于此主题的具体含义认识尚不统一，一般认为是当时青年男女相约会面场景的艺术再现，其可能为风俗或具有祭祀的含义。

5. 战争：分为野战、攻城之战和舟师之战。攻城之战中，城池上的士兵抵抗从下而上进攻的士兵，城池下者架以云梯，协作攻城；舟师之战为两艘战船，船分两层，上层载以兵士，下层为奋力划桨者，两船已相会交锋。画面将兵士持武器奋力拼杀、战死者纷然倒下甚至头颅落地等情景真实地再现，可见战争场面之残酷、激烈。战争图像中多种兵器的组合使用，攻城器械，舟战场景，均是当时战争的如实记录。战争题材纹饰的出现及流行，与东周时期列国之间频繁的兼并战争有关，是当时社会背景的反映。

6. 狩猎：画面根据分布位置不同，有繁有简，一般均作猎手持剑、盾与野兽搏斗状。狩猎纹作为主题纹饰主要流行于战国时期，其与上述纹饰结合后有所改变，为贵族宫苑狩猎活动的记录。

另外，纹饰图像中的性别差异、发式区别、装饰差别、服饰不同，可能是社会身份、地位差异的表现，如其发掘者所述：“在一、二两层图像中，着长裳者均站立，穿短服者跽坐于地，表明两者具有不同的社会地位。”

思想与文化

西周晚年，犬戎入侵以乱周室，平王东迁，周王室衰微，历史随之进入东周时期。

春秋战国，王纲解纽，礼崩乐坏，周王室只保有天下共主的名义，已无实际控制能力。如祝聃“射王中肩”（《左传·桓公五年》），诸侯已不把周天子放在眼里，“礼乐征伐自天子出”演变为“礼乐征伐自诸侯出”。依附在周礼之上的等级制度、社会思想分崩离析，原有的社会秩序遭到破坏，新的社会秩序亟待重建。

就社会整体而言，这一时期诸侯混战，杀人盈野，民不聊生，是中国历史上一个大动荡的时代；但这一时期，物质文化、精神文化却达到了空前的繁荣，既风云变幻、绚丽多彩，又可谓中国历史上一个大变革、大发展、大融合的时代；这一时期，血缘政治向地缘政治转变，帝制中国由此发端，军事、经济、文化等领域都出现了一系列突破性的进展。

1. 军事：战争性质发生根本性转变，消耗巨大的总体性战争频繁，军功集团、军事谋略家群体逐渐兴起，军事技术、军事后勤等获得了长足改进；战争导致“工具理性思想”的形成，人在战争中的地位凸显出来，人成为左右战争胜负的关键因素。

2. 经济：铁器、牛耕逐步推广，推动农业生产快速发展，进而使社会分工、商品流通进一步加强；工商食官制度瓦解，手工业和商业的重要性与日俱增，一批大都会相继出现；商人的社会地位大大提升，具有政治谋略的商人甚至可以影响时局。

3. 文化：“百家争鸣”是这个时代思想文化高度发达的代表，后世所谓儒、墨、道、法等各种思想流派竞相开出济世良方；战争的残酷，迫使君主更加注重延揽人才，各国都希望重建秩序，一家之学说、一人之能力可以使一国通过变法而图强，开启了布衣卿相的局面。

上述种种变化，使人的个体价值凸显，进而奠定了人性之精神的基础。与之相应，青铜纹饰中商周以来的神秘主义消退，现实主义开始兴起，纪实性纹饰题材大量出现。人物画像纹极具现实主义和写实性，以人们丰富多彩的社会生活情景为蓝本，其出现、流行与当时传统生活方式、思想观念所发生的巨大变化密切相关，是人文主义新潮流在青铜器上的物化；体现了人的个体价值正在被社会重视，人的形象摆脱了被动与束缚，人的活力得以展现，是中国青铜艺术从神的艺术向人的艺术转变的见证。

四川盆地，群山环绕，在自然地理上形成了一个相对独立的单元。古代对外交通极为不便，故就有了“蜀道之难，难于上青天”的慨叹。然考古资料却证实，先秦时期的四川地区并非文化闭塞之地。

就四川盆地整个先秦时期的文化发展历程而言，其与黄河流域、长江中下游及周邻区域存在着频繁、不间断的文化交流。外来文化因素的不断融入，引发了四川盆地一次次的文化变革，进而形成了极富地域特色的巴蜀文化。可以说，巴蜀文化是华夏多种文化因素汇聚与不断融合的结果，是中华文明的有机组成部分。东周至秦汉时期，四川地区巴文化、蜀文化东西峙立、互融并辉，在广泛接纳吸收周边区域文化因素的基础上，同质化趋势进一步加强，形成了巴蜀青铜文化的第二个高峰。

在巴蜀文化中，嵌错宴乐水陆攻战纹铜壶是标识社会地位、身份的“奢侈品”。前文已述，其上的纪实性人物画像纹，是中原文化礼制、文化习俗、社会生活等的具象化的表现，是巴蜀贵族慕尚黄河文化，以开放、包容的胸襟吸纳先进文化的实物证据。同时，也是四川地区与黄河流域文化交流、黄河流域对四川地区文化输出的历史见证。

百花潭十号墓出土的嵌错宴乐水陆攻战纹铜壶，生产工艺繁复，形式美观华丽，纹饰极具艺术性，是东周时期物质文化繁荣的表征；纪实性纹饰题材丰富、形象，是研究东周时期社会生活史、军事史的极为珍贵的历史资料，可谓国宝级的青铜重器。

四川博物院
郭军涛　向野（原就职于四川博物院，
现就职于四川省社会科学院）

参考资料：

1. 陈云洪：《四川地区船棺葬的考古学观察》，《边疆考古研究》2015 年第 1 期。

2. 徐禅菲、姚智远：《浅释洛阳新获战国铜匜上的刻纹图案》，《中原文物》2007 年第 1 期。

3. 四川省博物馆:《成都百花潭中学十号墓发掘记》,《文物》1976 年第 3 期。

4. 宋兆麟：《战国弋射图及弋射溯源》，《文物》1981 年第 6 期。

5. 王清建、朱青生主编：《汉画总录》（南阳卷），广西师范大学出版社 2013 年版。

6. 李夏廷、李劭轩编著：《晋国青铜艺术图鉴》，文物出版社 2009 年版。

7. 杜恒（李学勤先生笔名）：《试论百花潭嵌错图象铜壶》，《文物》1976 年第 3 期。

8. 郭宝钧：《殷周的青铜武器》，《考古》1961 年第 2 期。

9.〔清〕顾栋高：《春秋大事表》，中华书局 1993 年版。

10. 陶正刚、李奉山：《山西省潞城县潞河战国墓》，《文物》1986 年第 6 期。

11. 李零：《琉璃阁铜壶上的神物图像》，《文物天地》1998 年第 4 期。

12. 徐中舒：《古代狩猎图像考》，载《徐中舒历史论文选辑》，中华书局 1998 年版。

13. 李零：《中国的水陆攻战图和亚述的水陆攻战图》，载《入山与出塞》，文物出版社 2004 年版。

14. 赵鼎新著，夏江旗译：《东周战争与儒法国家的诞生》，华东师范大学出版社 2006 年版。

15. 江章华：《从考古材料看四川盆地在中华文明形成与发展过程中的地位》，《中华文化论坛》2005 年第 4 期。

甘肃

蕴古朴之感　显精妙之心

——大地湾人头形器口彩陶瓶

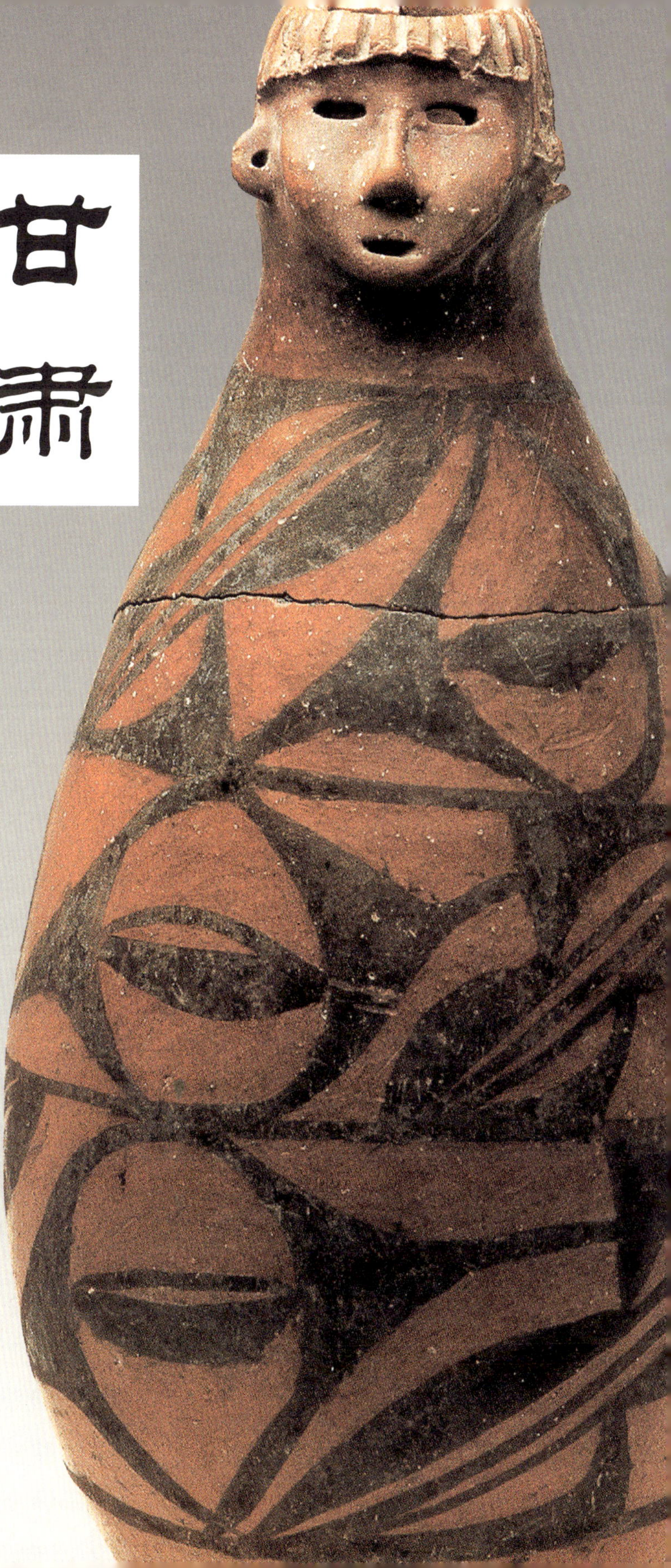

甘肃，简称“甘”或“陇”，地处黄河中上游，地域辽阔。东接陕西，南邻四川，西连青海、新疆，北靠内蒙古、宁夏并与蒙古国接壤。黄河在甘肃境内干流总长度913千米，占黄河总长的16.7%。位于黄土高原西南部的渭河是黄河最长的支流，它横贯甘肃东部和关中平原。早期渭河经常暴发山洪导致河水泛滥，渭河南岸因此沉积了肥沃的土壤。

1973年甘肃省秦安县大地湾遗址出土的众多彩陶中，有一件罕见的人头形器口彩陶瓶，塑造了一位端庄、典雅、古朴、大方的女性形象，史学界称之为东方维纳斯，属仰韶文化庙底沟类型。陶瓶把人头与葫芦瓶巧妙地结合在一起，是大地湾遗址仰韶文化彩陶的代表作，也是我国史前时期集彩陶、雕塑、造型于一身的杰出艺术作品。

蕴古朴之感 显精妙之心

——大地湾人头形器口彩陶瓶

人头形器口彩陶瓶，高 31.8 厘米、口径 4.5 厘米、底径 6.8 厘米。质地为细泥红陶，腹部鼓起，平底。腹部以上施以陶衣。器口是一个圆雕头像，留有齐额的短发，五官端正，面庞秀丽。眼睛、鼻子、嘴巴皆是镂空状，双耳各有小穿孔，可以垂饰物。五官镂空造成的深色阴影，成为头像富有表现力的因素。瓶体的彩绘纹饰从上到下分三层大体相同的黑彩图案，主题花纹分为两部分：一部分由两个弧边三角纹对接组成圆圈，内填充垂弧纹和弧纹；另一部分以斜直线、侧弧及凹边三角纹组成。

人头形器口彩陶瓶出土遗址

地处甘肃东部的天水素有“羲皇故里”之称，其境内河流众多，有葫芦河、清水河等。这里有汉代由关中前往河西的通衢大道，属丝绸之路的重要路段。清水河两岸的河谷地带分布着大量的古文化遗存，仅是发现的仰韶文化遗址就有 10 余处。

人头形器口彩陶瓶　仰韶文化　1973 年出土于大地湾遗址

大地湾人头形器口彩陶瓶正、侧视图

大地湾遗址坐落在甘肃天水秦安县清水河下游五营乡邵店村东面的河岸台地及缓坡山地上。遗址位于河谷南岸，面临清水河，背依山地，东西两侧分别以冲沟和溪流为其天然屏障。此处河谷平坦宽阔，南岸台地宽度为500—600米，北岸台地略窄，山势陡峭，所以先民选择南岸而居。大地湾是典型的黄土梁峁地貌，从河边阶地到山顶海拔为1458—1673米，气候属温带半湿润区，四季分明、土质肥沃，兼有山林河渔之利，为史前先民的生存与发展提供了优越的自然条件。据古史传说，人文始祖伏羲生于古成纪，即今甘肃天水一带，天水市西关至今还留存有明成化年间修建的伏羲庙。天水三阳川渭河之南的卦台山传说是伏羲“始画八卦”的宝地，陇城历代建有女娲庙，天水秦安被称为“羲里娲乡”，是华夏文化的起源地，这与今天的考古发掘成果在一定程度上是相吻合的。虽然我们至今无法证实历史上是否真

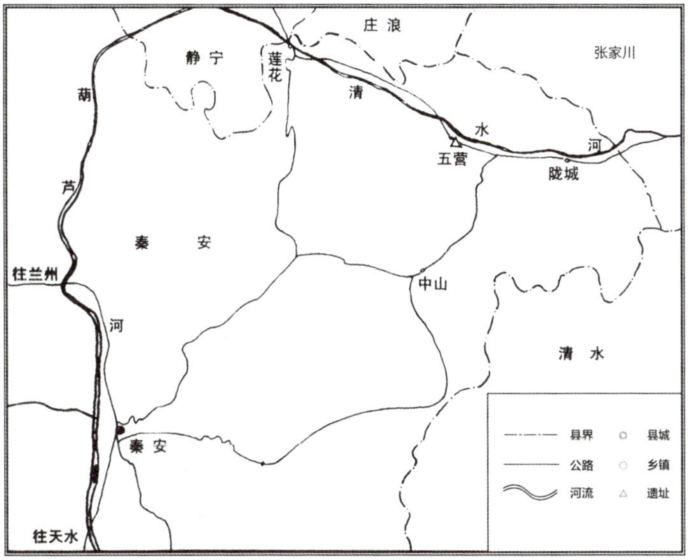

大地湾遗址地理位置图

有伏羲和女娲其人，但不妨先将他们作为远古部落的首领或代表人物来看待。过去的古史传说与今日的科学发现，共同指明这一区域正是中华远古文化孕育诞生的重要地区。

1958 年，大地湾遗址被首次发现。当时，由甘肃省文物管理委员会组织的泾渭流域文物普查小组，在山坡上发现了一些史前遗物和遗迹，经判定属于仰韶文化晚期，遂确认这是一处需要保护的古文化遗址。1961 年该遗址被公布为县级文物保护单位。

1978 年夏天，甘肃省博物馆文物工作队队长岳邦湖、副队长张学正率领业务人员去渭河流域选择仰韶文化遗址的发掘地点。在沿渭河向下，穿陇西、过甘谷的一路考察中，他们并没有发现理想的发掘地点。但在秦安县文化馆，他们从库房堆放的文物中，以敏锐的专业眼

大地湾五营乡实景图

光捕捉到了一组既陌生又熟悉的陶器，其中有黑彩鱼纹红陶盆、黑宽带纹红陶钵、葫芦形瓶、彩陶罐等。说它陌生，是因为类似的纹饰、器形在甘肃以往仅有零星的残片出土，却从未见过成组的完整陶器；说它熟悉，是因为这组陶器与西安著名的半坡遗址出土的器物真像是孪生兄弟，面貌非常接近。经询问，这是文物干部韩永录当时从五营乡征集来的。韩永录十分热爱文物工作，经常走乡串户征集文物。五营乡那两年在河谷地带大兴土木，先后建了医院、学校等，在施工过程中不断有陶器出土。顺着这条线索，岳邦湖、张学正一行来到了偏远的五营乡。在新建的邵店村小学，教师们介绍说在扩建操场和修建围墙时还发现了一批古代墓葬，挖出不少陶器，但人们因受旧观念及迷信思想影响而嫌弃这些曾与死人埋在一起的东西，大多数在发现后被当场毁坏丢弃，只有个别有花纹的陶器保留了下来，由县文化馆收藏。至此，工作队确认：县文化馆的那批无比珍贵的彩陶就出自距今约 6000 多年前的仰韶文化早期墓地。经多日调查，甘肃省博物馆文物工作队又征集到一批完整的彩陶，还在当地发现了各类石器、骨器，这说明该遗址不仅有墓地，还有人类的居住遗址。同时，工作人员还在一些断崖上发现了厚达几米的文化层，其中既有房址、窑址、灰坑等遗迹，又有各类陶、石、骨器等遗物。这些迹象都说明这是一个以仰韶文化为主体的大型遗址，发掘价值极大。兴奋的调查人员报请上级批准，于 1978 年 8 月由考古工作者开始在河边阶地部分进行试掘。

此后的田野发掘工作直至 1984 年才告一段落。1981 年，经北京大学考古实验室专家测定，5 个从大地湾遗址送检的标本的年代约为距今 7800—7300 年（之后的研究校正为距今 8170—7370 年），比仰韶文化早了近 1000 年，考古工作队随即公布了上述发现，当时轰动了考古学界。考古工作表明，甘肃省秦安县五营乡大地湾遗址涵盖了中国新石器时代早、中、晚期的考古文化（距今约 8000—5000 年），前后延续了约 3000 年。大地湾出现的彩陶与两河流域出现的彩陶在时间上几乎是同步的，都是世界上最早的彩陶文化，所得证据有力地表明了中国彩陶起源于我国西北地区的渭河流域。

1984 年，甘肃省博物馆文物工作队在野外调查时，首次在西汉水流域也发现有大地湾文化遗存。西和县长道镇与礼县永兴镇之间有一片因河水冲积形成的宽约 2000 米的河谷平地，这里是西和河入西汉水之处。甘肃东部地区能有如此宽阔的河谷实属罕见，此处海拔在 1500 米以下，仍为黄土地貌，非常适宜早期农业的开拓。在这一区域，先后发现 3 处早期彩陶文化遗址。位于西汉水南岸长道镇的宁家庄遗址是个大型仰韶文化遗址，河边一级台地发现了大地湾文化陶片和灰层。1986 年全省文物普查时，又在礼县永兴赵坪、礼县盐关采集到早期遗物。以上 3 处遗址相隔距离不超过 10 千米，分布尤为密集。这一河流交汇谷地，是考古工作的重点地区。另外，甘肃境内已发现的最南端的遗址，即位于嘉陵江支流永宁河流域徽县的柳林遗址中，也发现有同类遗存。

从上述遗址的分布情况看，其规律呈现出以下特点：一是位于河谷地带较低的河边阶地，除柳林遗址地处陇南山地外，其他均属黄土梁峁沟壑区；二是多处于大河与支流交汇的河口附近；三是在某些较为适宜的区域，8—10 千米就有一个史前村落。

1995 年，考古工作者又对大地湾遗址进行了补充发掘，即使如此，也才仅仅打开了这座地下宝库的小小一隅。大地湾遗址分为山地和河边台地两部分，1958 年最先发现的是山地部分，1978 年由于农田基本建设造成遗址受损，因此也得以发现更古老的台地部分。经过发掘，考古工作者认识到无论山地还是台地，它们本属于同一个遗址，是一

大地湾遗址考古发掘现场

聚落宫殿式建筑遗址

个不可分割的整体。根据对出土文物的不断研究，发现大地湾遗址蕴含有约3000年的人类历史。研究人员推断：最早的先民们首先在距离水源地最近的河边台地安家，之后逐步向山地扩展，最终在距今5000年左右，形成一个大型的中心聚落。大地湾考古的初衷是研究甘肃境内仰韶文化的面貌，而实际的发掘结果远远超出预料。其最重要的成果之一就是找到了仰韶文化的祖先，发现了我国最早的含有彩陶的考古学文化——大地湾文化，从而使彩陶研究取得了重大突破。

大地湾文化特征鲜明、内涵丰富，此地区既有我国率先使用彩陶的史前先民，又有西北地区最早出现的农业文化。因其属于新石器时代早期，所以处处显露出原始的特征。

一是选择在河边台地修建村落。大地湾已发掘遗址村落范围长约120米、宽约40—60米，残存4座房址、17个灰坑及15座墓葬。从布局来看，房址呈散点式分布，间距25—35米，房址周围既有储藏物品的窑穴，也有墓葬，有的墓葬离房址近在咫尺。看来，整个村落布局缺乏规划，随意性较强。

二是先民们已经完全脱离了洞居、树居生活，有了固定的房屋。大地湾房址均为圆形半地穴式建筑，面积仅有六七平方米，另有斜坡式门道通向室外，面对河流所在的北方，推测这类房址应为窝棚状建筑。

三是发现有该时期的墓葬，但不见集中的公共墓地。墓坑呈长方形或圆形，葬式以单人仰身直肢为主。大地湾的葬俗流行双手交叉于胸前，腰腿一侧随葬少量陶器和石器等，其中多有彩陶。这些器物均为死者生前使用的生活、生产用品，不是专事随葬的明器，由此可见，当时的生产制作能力有限。

四是大地湾文化的陶器具有鲜明的特征。从外观上看，器表色泽不统一，常见褐色斑块，陶色有红、褐色或内黑外红，质地不坚硬，

大地湾遗址出土的研磨石

陶锉

石锛、石斧等用于采集和渔猎的工具

陶片有分层。陶质多为夹细砂陶，陶片断茬处砂粒清晰可见。器物形制简单而特殊，与其他文化差别明显，常见器物有三足钵、深腹罐、圜底钵、三足罐、小口壶、圈足碗等。交错绳纹或细密的斜绳纹被大量使用，该文化独有的现象是同一器物同时使用彩绘和绳纹。不同于大多数彩陶文化使用的“泥条盘筑法”，大地湾文化陶器制法独特，采用在陶模上分层敷泥而成的“模具敷泥法”。

五是石器、骨器种类较少，且大多制作粗糙。石器多为打制，仅有少量的磨光石器，且形制不太规整。

六是在遗址中有炭化的粮食标本，发现于编号为H398的灰坑，经中国科学院植物研究所刘长江先生鉴定为黍（糜子），但黍粒均小于现代种，反映出当时栽培技术的原始性。出土的骨耒、磨石、磨盘、陶刀、石刀等农业生产工具进一步证实了在当时农业已经产生。

综上说明，在我国西北地区彩陶和农业两者之间存在着不可分割的关系，那就是先有农业后有彩陶，彩陶首先是由农业部族发明并使用的。

从甘肃大地湾遗址的考古发掘成果来看，大地湾一期文化要比仰韶文化早大约1000多年。在公元前6000年，大地湾左近的广袤地域，已经出现了定居农业，先民们种植黍、粟，饲养猪、狗及禽类，开始制作并使用粗陶器皿、素面陶以及用来祭祀的彩陶，他们居住在泥草房屋，形成了一个个聚落。考古研究证实，从大地湾一期文化开始出现的彩陶，与西亚两河流域的彩陶，是世界上最早的、同时创造的两种彩陶文化，不存在谁影响谁的问题。大地湾遗址考古成果的重大发现，使得中国史前文明的源头，从河南渑池县仰韶村一下子向西移到了甘肃秦安县大地湾，提早到了公元前6000年，也就是距今8000年前。大地湾文化的发现不仅明确了黄河上游地区已出现新石器早期文化，而且为探索中国史前彩陶与农业起源提供了珍贵的实物资料。有鉴于此，大地湾文化也被誉为“黄土高原上的文化奇迹”。大地湾遗址的发掘，是中国史前考古的重大成果，被学术界评为我国20世纪百项考古大发现之一。

人头形器口彩陶瓶的发现

人头形器口彩陶瓶的出土

20世纪70年代初，正与社员一起平田整地的甘肃省秦安县五营乡邵店村村民张德禄，一锄头下去挖出了一个东西。他仔细擦去上面的泥土，发现是个“花花绿绿”的陶瓶，觉得陶瓶的外观十分漂亮，就带回家当摆设。时间一晃到了1978年，大地湾遗址开始发掘，考古队向五营乡村民征集文物，张德禄立即无偿把陶瓶上交。考古工作者一看这个陶瓶就知道它有无比珍贵的价值，于是先后奖励了张德禄两个大搪瓷脸盆。在当时，大搪瓷盆可是抢手货。

就这样，人头形器口彩陶瓶这件稀世奇珍终于面世，并驰名中外。考古工作者根据征集人提供的地点，将这件文物的出土位置定位于秦安县五营乡邵店村清水河南岸第一台地上的居住遗址的东区。

人头形器口彩陶瓶的用途

甘肃是我国古代陶器的发源地之一，据不完全统计，已出土与人像有关的史前陶器40余件，时代从仰韶文化早期到齐家文化时期，有人头造型陶器、人体造型陶器和人形器三种。其中，人头形器常见于仰韶文化和马家窑文化。

最早发现黄河中上游史前人物形象的是瑞典人安特生，他也是史前人物形象的最早研究者之一。他认为在黄河中上游发现的与人形象相关的纹饰，代表着一种宗教典仪，反映了史前祖先崇拜的思想。关于人头形器口瓶的用途，学术界有过较多讨论，目前主要有“孕妇形象说”“祖先亡灵崇拜说”“宗教用具说”等不同的说法。

持“孕妇形象说”的学者认为，应该把人首与瓶身看作一个整体，瓶身象征着人的躯体，鼓起的腹部则代表的是孕妇形象。我们知道生殖崇拜与生育信仰曾广泛存在于世界各地的早期文明中，但是我们也发现具有这类象征意义的器物大多带有明显的性别特征。

在持“祖先亡灵崇拜说”的学者看来，人头形器口瓶整体造型是模拟死者形象，人首顶部的小孔可以看作灵魂出入的通道。他们认为人头形器口瓶的功能在某种程度上与半坡类型时期的瓮棺类似，都反映了先民的灵魂观念。因此，有学者认为，人头形器口瓶应与先民的“亡灵崇拜”观念有关。

目前来讲，认为人头形器口瓶是“宗教用具”的学者较多。其主要理由是人头形器口瓶器口较小，而它的器身又比较细长，且人首的眼睛、鼻孔、嘴巴皆是镂空，不可能作为寻常实用器，应当是盛放特殊液体且与其宗教信仰相关的特殊器物。笔者也认同此说法。首先器口塑有人首的陶壶或陶罐，均为常见的日用水器、盛器，再结合黄河中游陕西洛南地区发现的陶塑人首壶，也是盛放液体的功用更为突出。其顶部无钻孔现象，五官镂空，器身背部塑有一流口，供液体注入。由此可以推断人头形器口瓶顶部的钻孔或许发挥着与流口相类似的功用。

人头形器口瓶及与其相类似的陶塑人首壶往往制作精美，但少有出自同一遗址，常现于不同地区的居址、墓葬等遗迹之中，分布地点、出土单位均无特定规律可循。这类器物从不见批量生产，或许是在宗教仪式举行前专门制作而成，少量器身留有加固修补痕迹，存在重复使用现象。

进入马家窑文化时期，彩绘人首壶逐渐消失，人首彩陶罐、彩绘人首器盖更为流行。人们从注重对装饰有人首的陶器器身施彩，转变为加强人首本身的彩绘。但是人首加陶器的组合方式始终未变，只是表现形式在不同文化时期呈现出不同的特点。人首与器物相结合，强调的不是人像本身的供奉作用，而是在注重器物实用价值的基础上，增加了人首的象征意义。进入四坝文化时期，已不见传统的人首形器，新出现的人形器，人像即为器物，器物本身的实用性下降，进一步突出人像的象征意义，是服务于宗教仪式的特殊器物。至于人头形器口彩陶瓶的人物形象，究竟是早期人类模拟自我形象的产物，还是神格化的祖先形象，根据目前所掌握的信息，难以做出准确判断，有赖于相关材料进一步地发现与累积。

解读人像彩陶

位于黄河上游的甘肃，是北方农业的发源地之一，彩陶由农业定居生活的发展而兴起。甘肃又是彩陶很晚才衰落的地区，这里是北方游牧民族最早南下的地区之一，彩陶又因游牧流动生活而退化。甘肃彩陶源远流长地延续发展，在 5000 多年的时间跨度中，经历了产生、兴盛、衰落的发展阶段，构成了一部完整的彩陶发展史。

甘肃彩陶是黄河远古文化的灿烂之花，并且以类型众多、器形丰富、图案绚丽、花纹精美而著称于世，不仅成为古代彩陶艺术宝库中璀璨夺目的瑰宝，而且也是中华文明序章中最重要的组成部分。

原始彩陶中的人像雕塑

雕塑与绘画是形象化反映社会物质生活与意识形态的一种方式，亦是史前时期物质遗存的重要组成部分。人类雕塑艺术的历史最早可以追溯到旧石器时代，在目前发现的一些古遗址中，我们可以找到一些残存的壁画与雕刻艺术的残片。在我国史前时期，尤其是新石器时代中晚期，发现有大量陶塑、石雕、玉雕、彩绘作品，人物形象是其中比较特殊的一种题材，是关于史前居民自我意识、宗教信仰、审美情趣等精神领域思想的载体，自然而然吸引了考古学、宗教学、民族学、艺术学等多个学科领域的关注。人像主题广泛发现于史前世界各地，早在欧洲旧石器时代晚期奥瑞纳文化中就发现女性裸体石像，如法国罗塞尔出土浮雕手持角杯的女性石雕像，两河流域的哈苏纳和萨马拉文化，中亚土库曼斯坦的安诺、纳马兹加文化中发现了大量的陶制雕像，东亚的日本在绳纹时代和弥生时代也发现较多人像陶器，人像主题在史前世界范围内的广泛发现也反映出文化在同一发展阶段显现出众多相似性和趋同性。我国原始彩陶中的人像雕塑，最早出现在距今8000多年前，此后一直流行于整个原始社会。在分布上，人像雕塑遍及北方的辽宁、河北、内蒙古，西北的甘肃、青海，中原的河南、陕西，南抵长江流域，东至山东半岛等区域。

甘肃史前陶器上的人像与两河流域、中亚地区等史前陶器上的人像无论是制作方式还是造型特征都有很多相似之处，鉴于甘肃是中西方文化交流的重要地理位置，我们可以通过分析甘肃乃至青海地区史前陶器上人像的类型，进而把握其各阶段发展演变特征，在探究其来源的过程中窥见史前东西方文化交流的印记。

以下介绍一些甘、青两地发现的陶塑人像。

甘肃

1. 红陶人头像。1964 年出土于陇南礼县高寺头，残高 12.5 厘米，属齐家文化。陶色橙黄，采用堆塑与锥镂相结合的制作手法，颈下部分已缺，猜测可能是陶壶器口装饰。头顶留有一个小孔，前额至后脑堆塑着半圈高低起伏的泥条。脸型丰满圆润，五官位置准确，嘴巴微启，神态颇为优美，堪称中国原始社会人像雕塑的优秀代表。

红陶人头像

2. 陶塑人头形器口红陶瓶。1975 年出土于甘肃秦安寺咀坪，通高 26 厘米，属马家窑文化石岭下类型。器表陶衣为橙黄色，瓶口塑一额上有短发、耳垂穿孔的人物。人物的眼眶是用泥条圈贴而成，显得炯炯有神。距今约 5100 年。

陶塑人头形器口红陶瓶

3. 陶塑人面像。1967 年出土于天水柴家坪，残高 25.5 厘米，宽 16 厘米，仰韶文化细泥红陶质，额头饰有隆起的披发，眉弓突出，耳垂有穿孔，作张嘴欲语状。脸部塑造极为精细，不仅塑出眼皮和鼻准，上下嘴唇厚薄也清晰可见。该人面

陶塑人面像

人首彩绘陶塑

像采用捏塑以及雕刻镂空手法，施以红色陶衣，使得该人面像造型精练逼真。

4. 人首彩绘陶塑。该物征集于临夏。残高 7.5 厘米，宽 6.5 厘米，属马家窑文化马厂类型。泥质橙黄陶，人脸部呈菱形，鼻子采用堆塑手法，雕有两个鼻孔，眼和嘴为浅刻，扁平的双耳带有穿孔。使用褐彩绘出眉、眼眶、嘴唇。面颊上画有两道竖线，鼻下画两道表示鼻准的竖线。额顶绘有线纹表示头发，头发呈八字形分垂于脑后。

5. 人头形彩陶壶。1989 年出土于甘南卓尼县木耳乡（今木耳镇）。口径 6 厘米，底径 7 厘米，通高 24 厘米。该壶为红陶，上绘黑彩，人面用刻、塑结合的手法。五官集中，两耳戳压成两个连接的凹坑。

人头形彩陶壶

青海

1. 裸体双性浮雕彩陶壶。1974 年出土于青海省乐都县柳湾，为新石器时代后期酒器，现收藏于中国国家博物馆。此彩陶壶呈小口鼓腹造型，腹部两侧有对称的双环形耳。上腹部有黑彩图案纹饰，特征和同时期常见的马家窑文化彩陶壶纹饰差别不大。与众不同的是，它的颈部略高，口沿外侈，在壶身彩绘之间还捏塑出一个裸体人像。人像站立，头位于壶的颈部，五官皆具，身躯和四肢位于壶的腹部。双手置腹前，乳头用黑彩加以点绘，在人像下腹处夸张地塑造出生殖器的

裸体双性浮雕彩陶壶

形象。此外，在壶的颈部背面绘有长发，长发下绘一只大蛙，在人像两腿的外侧也绘着蛙纹。

裸体双性浮雕彩陶壶被誉为稀世珍品，特殊的图案装饰说明其是礼器或专门制作的葬具。一般学界认为壶上绘的是一个男女同体的两性人，是崇拜男女同体的实物，与远古时期的萨满有关。萨满信仰认为两性人是沟通上天与人间的媒介，可以传达神的意志。关于人像也有单一女性或男性的不同说法，分别寓意女性崇拜、生殖崇拜或父权制度下的男性崇拜。

2. 人像陶瓮。1978 年出土于青海大通后子河。陶瓮为夹砂黄陶质，器身残，器肩堆塑着一位浅浮雕的女孩形象，像高 11.5 厘米，五官锥划而成，体型瘦弱，神态悲伤，头侧垂发辫，整体作挥臂迈步状。这件人像陶瓮可能是为装一位夭折女孩而特制的。

人像雕塑的表现手法

我国史前时期人像雕塑多为泥质陶或夹砂陶，以红陶最多，还有泥质灰陶、褐陶、夹砂灰陶。

人像雕塑除浮雕外还有不少圆雕作品，一般采用捏塑方法，有直接用陶土塑出人形，制成陶胎后打磨；还有先塑出人形后，再进行细部修整、贴塑、堆塑。捏塑这种制法由于简便易成而出现最早，延续时间长。除捏塑制法外，还有圆雕、浮雕等技法。就人物造型特点看，陶塑人像有人头、人面、半身、整身等形态，所见陶塑人像大都不是完整形象。黄河流域的陶塑人像一般多以陶器附件的形式出现，或将人头像塑作瓶（壶）器口，或为罐盆浮雕人面人头像，也有独体的类型。黄河上游甘肃、青海地区的人头形彩陶器不仅比例协调地刻画出人的五官，而且还能描绘出人物丰富的神态表情。

文化特征

史前考古中，陶器是最为常见的生活用品，它记载着远古人类社会文化演变的丰富信息，因而理所当然地成为主要的研究对象。

大地湾文化中已发掘的各个遗址均有完整或可复原的彩陶器出土，其他遗址则发现有众多的彩陶残片，无疑，彩陶是大地湾文化的标志性特征之一。根据大地湾、西山坪等遗址的统计，彩陶数量约占全部陶器的三分之一。比例如此之高，可见甘肃彩陶问世之初，即具有一种奔腾磅礴的气势，迅速展现出了耀眼的光辉。

陶坯是用分层敷积法制成，陶质疏松。胎心为夹有均匀细砂的泥料，器表用较细的不含砂的泥料通体敷成。陶器有了这种较细而润滑的表面，为在上面绘制花纹提供了良好的基础。大地湾文化陶器的器物种类少，具有一器多用的特点。

饰彩的陶器主要为钵形器，还有少量的圈足器。它们有的出土于灰坑或房址中，有的作为随葬器物出土于墓葬。钵形器分为三足钵和圜底钵，它们都是常用饮食器。通俗地讲，先民们每天都用来盛饭的饭盆、吃饭的饭碗大多是彩陶器。这些器物口径一般在 20—30 厘米，高约 10 厘米。彩陶一经发明，就被先民们大量使用在日常生活中，足以说明它与人类生活息息相关。

彩绘颜色均为红色偏暗，多呈紫红，色调较浓，一般绘在钵形器的口沿内外，形成一周连续的彩带。沿外彩带较宽，大多在 2—3 厘米，个别器物可宽 4 厘米左右；内彩带较窄，一般在 0.4—0.6 厘米。

大地湾文化晚期的制陶技术有了发展，彩陶陶质为不含砂的细泥红陶，能流畅地画出较鲜亮的花纹。彩绘的颜色除红色以外，还出现了黑色。

陶器内壁的彩绘被称为内彩。在大地湾文化中除前述的沿内窄带

绳纹红陶圈足碗

宽带纹彩陶三足钵

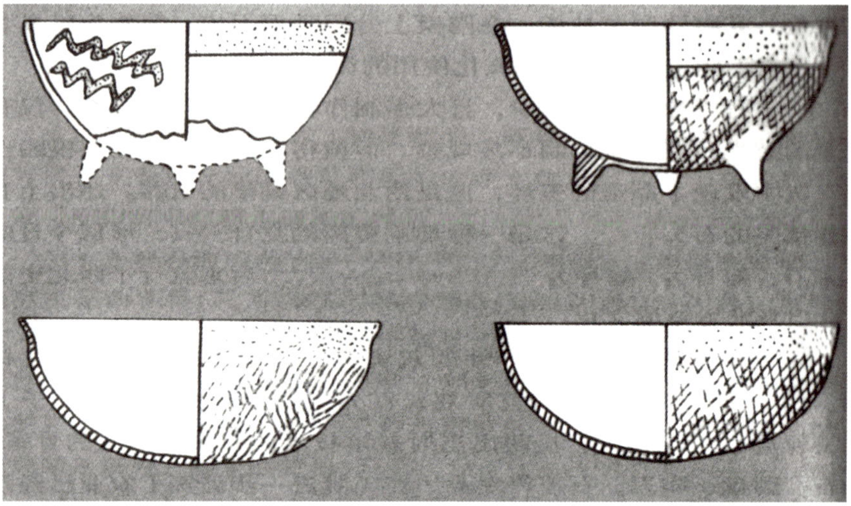

大地湾彩陶三足钵和圜底钵线图对比

外，还有 10 余种内彩图案。图案绘于钵形器内腹，连续性不强，均为单独纹样，色彩同样为紫红色。纹样大体可分为两类：一类由直线构成，如“↑”“十”“山”“M”形等；另一类由弧线组成。对前一类纹样，有些学者认为是具有记事或某种特定意义的符号。有趣的是，在其后的仰韶文化早期宽带纹彩陶上的刻画符号与此类似，尽管这类符号具体含义尚待研究，但许多专家认为它们可能是文字的雏形；后一类纹样多为不明意义的几何图形，其中有的近似动植物图形，颇具神秘色彩。无论哪种纹样，都不大可能是先民随意而为，但装饰功能似不明显，具体含义有待进一步破解。

另外，大地湾遗址在黑色深腹罐内壁还发现有白色彩绘几何纹样，数量虽仅有 2 片，但说明这种陶器烧成后再绘彩的技法与彩陶的历史至少同样悠久。

大地湾文化彩陶呈现出较多的原始性，如纹饰单调、千篇一律，尚未出现变化多样的图案，说明史前先民的思维和艺术水平还处在最

大地湾彩绘符号陶片

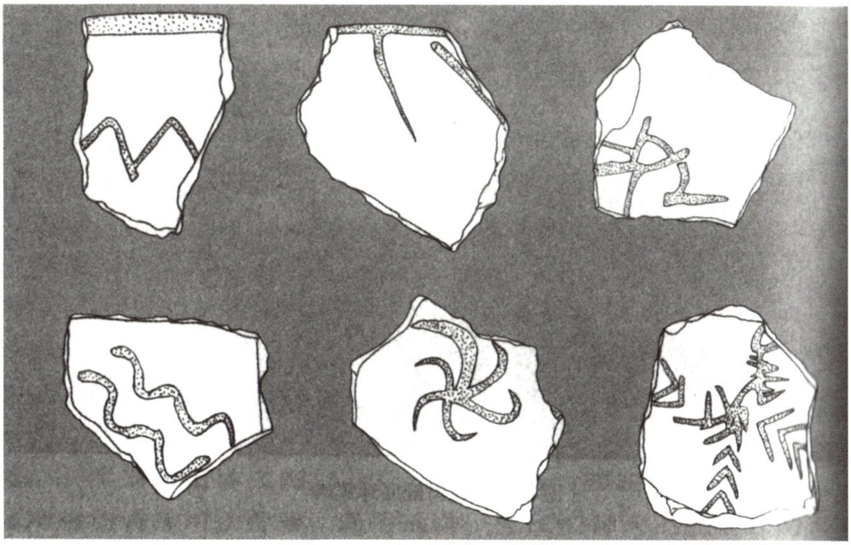

大地湾陶器内彩线图

初的原始阶段。大地湾文化彩陶尽管远不及仰韶彩陶那样绚丽多姿，但是它毕竟将彩陶引入人类的生活，将美好的色彩带到了人间，在艺术史上留下了不朽的篇章。

甘肃省博物馆

张东

参考资料：

1. 郎树德、贾建威：《彩陶》，敦煌文艺出版社 2004 年版。

2. 刘长江、孔昭宸：《粟、黍籽粒的形态比较及其在考古鉴定中的意义》，《考古》2004 年第 8 期。

3. 李琪：《黄河中上游新石器时代人物形象研究》，山东大学 2018 年硕士论文。

4. 杨晓能：《中国原始社会雕塑艺术概述》，《文物》1989 年第 3 期。

5. 郭颖珊：《甘青地区史前陶器上的人像研究》，兰州大学 2019 年硕士论文。

宁夏

胡旋舞蹁跹 世代永流传

——唐代石刻胡旋舞墓门

宁夏回族自治区，简称“宁”，位于黄河上游。黄河宁夏段全长397千米，约占黄河全长的十四分之一。狂暴的黄河进入宁夏后温顺而丰腴，冲淤形成了宁夏平原。宁夏平原南高北低，古人利用其独特的地理条件，借助天然的沟渠和高度差把黄河水引入宁夏各地的农田。黄河以其充沛的水源滋润着宁夏两岸的土地，形成如今的河床和漫滩地带，湖泊湿地顺势而成，在茫茫沙海中神奇地孕育出了一片富足的绿洲。

窨子梁唐墓群位于宁夏东北部，墓主是粟特部族的一支，墓葬中出土的石刻胡旋舞墓门画面构思精妙、主题突出，既反映了中国古代民族的迁徙融合、丝绸之路东西文化的互动往来，也反映出黄河文化开放包容、兼容并蓄的特性。

胡旋舞蹁跹　世代永流传

——唐代石刻胡旋舞墓门

石刻胡旋舞墓门，现藏宁夏回族自治区博物馆，出土于宁夏盐池县苏步井乡境内的窨子梁唐墓群 M6。两扇石门出土时处于紧闭状态，每扇石门都呈长方形，高 89 厘米，宽 43 厘米，厚 5 厘米，上下都有圆柱状榫，两扇门闭合处均有一孔，并用铁锁锁扣。石门正面凿磨光滑，每扇石门正中各浅雕一胡人形象的男伎，站立在一块编织精美的小圆毯上，双人对舞。舞者长发卷曲，束发带，并戴圆顶软帽。其中一位舞者着翻领窄袖紧身上衣，下身穿长裤短裙，脚穿长筒紧腿软靴；另一位舞者丰胸细腰，仍着圆领紧身窄袖衫，胯间系有紧身舞裙，腰部与上腹部裸露，脸型圆润，身材丰满。两舞者均手执长巾，回旋对舞，长巾环绕周身。两舞者四周浅浮雕有卷云纹饰，使舞者有腾跃于云雾之感，也使整个画面呈现出流动如飞的艺术效果。图案构思精巧、特色鲜明，人物面部轮廓清晰，表情自然生动，体态丰满却又不失轻盈，舞姿热情奔放，充满了欢快的动感之美。这件文物一经发现就引起不小的轰动，鉴于它珍贵的历史价值和艺术价值，1996 年国家文物局组织全国一级文物鉴定确认工作时，各位专家不约而同给其投了票，

石刻胡旋舞墓门　唐代　1985 年出土于窨子梁唐墓群

并鉴定确认它为国宝级文物。

宁夏因黄河而生，因黄河而兴，因黄河而富。千百年来，黄河对宁夏的恩赐是无与伦比的，凭借黄河水的哺育，厚重的黄河文化滋生并推动了宁夏历史文化的发展。特殊的地理位置，丝绸之路的传播，中西方多种文明融汇于此，形成了宁夏黄河文化的多元性与融合性，在宁夏留下了弥足珍贵的文化遗存。宁夏回族自治区博物馆藏唐代石刻胡旋舞墓门见证了黄河文化的发展、交流与互鉴，是中华民族多元一体发展进程的缩影。

石刻胡旋舞墓门的出土情况

墓葬发现

窨子梁唐墓群位于宁夏盐池县西北约 48 千米的苏步井乡境内的窨子梁上。当地称为窨子山的窨子梁墓址，实为一座座起伏连绵的沙丘。1984 年，宁夏回族自治区博物馆盐池县文物普查队于苏步井窨子梁发现了 2 座古代墓葬。鉴于在此之前已发现此处出现多处盗洞，博物馆工作人员经过近一年的考察与精心准备，遂于 1985 年 6 月至 7 月，对此墓葬群展开了细致的抢救性发掘清理工作。

窨子梁唐墓发掘现场

参加窨子梁唐墓发掘的全体考古队员

平均海拔1500余米的苏步井窨子梁沙丘由于是石膏岩质，风化严重，且被流沙覆盖。经过对墓室地形、地势结构与墓葬结构的初步勘探，考古队共发现6座墓葬。依山开凿且同为平底墓道石室墓的窨子梁墓葬群，以山丘的横断面为作业场地，上部无封，这种地势构造加之干旱气候的影响，使得墓室内部干燥通透，本应具有保存尸骨与随葬品的良好条件。但由于墓葬曾遭受风蚀水浸和盗掘，墓主尸骨及随葬品的实际保存状况并不乐观。

墓葬发掘

从墓葬群平面分布看，6座墓顺次呈扇形分布于窨子梁沙丘。各墓结构类似，狭长的墓道通向墓门，墓室四面平整，依壁凿刻龛室，并以几何花纹装饰墓室，可谓因地制宜、巧用匠技。在现场发掘中，M2扰土中发现墓志1盒，后经确认是M3随葬品。M6收获最大，它位于墓地最东部，墓室东、西、北三壁皆有龛室，多经盗扰，壁侧、墓顶都有盗洞，后龛内留存2具墓主尸骨。由于未见葬具，推断此墓的壁龛充当葬具棺椁的功能。随葬品方面，除灰陶罐外，石刻胡旋舞墓门是仅存硕果。搬开封存M6墓门的石块，以黑色涂染的胡旋舞墓门保存完好，人物形象生动饱满，石门板原状呈现，门扇合缝处的圆孔内镶环形铁鼻牢牢锁着墓门。

窨子梁依山凿穴的墓葬挖掘形式，与中原地区盛唐至中唐时期天井加甬道的墓穴开掘形式完全不同，窨子梁唐墓群多采用平底墓道、小墓门、多壁龛的做法，而且利用山体的石质空间再进一步开凿壁龛的形式也极大地拓展了墓室内空间，墓门则起到了空间格挡的特殊作用。葬俗上，以石室之内挖掘壁龛的形式存放尸骨，利于尸骨在此气候地理条件下长期保存，同时还有一个重要原因——利于合葬。从壁

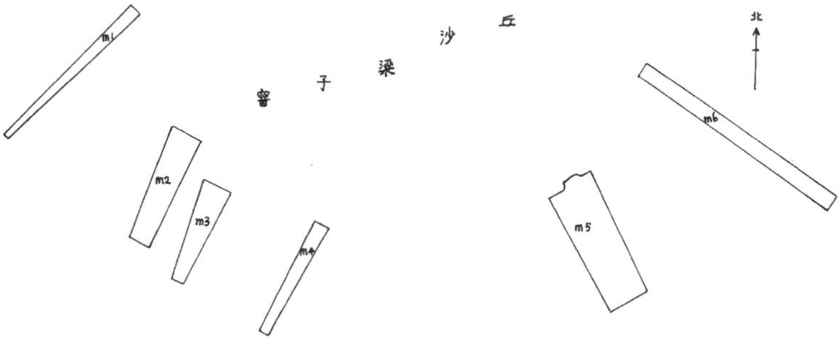

窨子梁墓葬群分布图（图片摘自：《宁夏盐池唐墓发掘简报》1988 年 9 月）

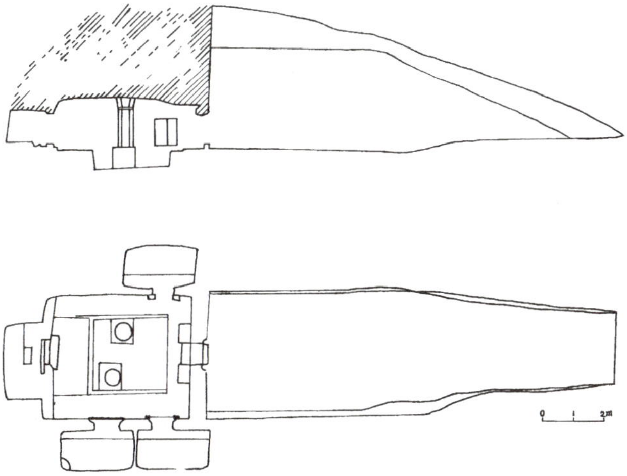

M3 平、剖面图（图片摘自：《宁夏盐池唐墓发掘简报》1988 年 9 月）

M3 墓室壁龛（图片摘自：《宁夏盐池唐墓发掘简报》1988 年 9 月）

宁夏盐池县窨子梁唐墓 M6 局部

石刻胡旋舞墓门发掘现场留照

龛之中尸骨采取单人葬、双人葬、多人葬的丧葬习俗看，聚族而葬的现象常见。与中原地区深挖大葬、藏门隐穴不同，此处发掘的窨子梁墓葬群偏向于“明葬”的公墓性质，这可能与聚族而葬的族属文化有关。这样明显的古墓葬群，招致盗墓者的觊觎也就不足为怪了。此墓葬群反映的墓葬性质与葬俗，也为唐代墓葬研究增加了新的内容。

墓主身份

M3 出土墓志成方形，边长 63 厘米，厚 10 厘米，志文如下：

大周□□□都尉何府君墓志铭并序

君（下泐）大夏月氏人也，□发□□方流（下泐）何（下泐）鹤阵三千，讵得□远（下泐）春五军□兵戈（下泐）宣威将军衔珐启□盟（下泐）戈□塞余侵行□□冠一时功□□□祖乙未，唐上柱国，□□齐业□□□疏爵溥畴，清班修洽。父盘池□□都尉。坐沾光位，雅誉早闻。由余比而载轸，日磾方而更耻。识傥来之不久，侣风月以留情，觉人事之无常，引琴樽而自赏。此君之知命也。子时纵变秋灰，舟迁夜壑，缠疴积稔，奄弃□龄。惊灵不留，思熙成谢。粤以久视元年九月七日终于鲁州如鲁县□□里私第，君春秋八十有五。以其月廿八日迁窆于□城东石窟原，礼也。其词曰：（上泐）玉关灵塞，金河贵乡，一从流宕，久变（下泐）久月长，桂移新岭，苍翻旧庄，（下泐）上而沉沉，落日余□，主灵归魂，（下泐）从质。践霜露而形错，捧琼瑶而（下泐）永郁。

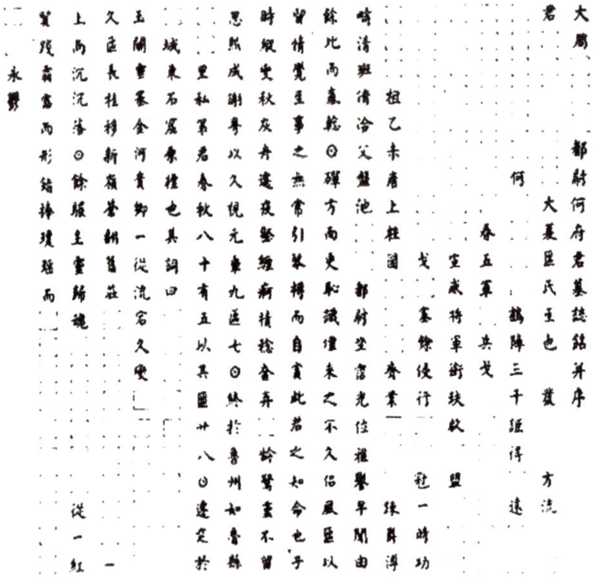

M3墓志录文

M3 墓志录文（图片摘自：《宁夏盐池唐墓发掘简报》1988 年 9 月）

该墓志的文字由于残损及出现不少武周时代的新造字，给释读工作带来一定困难，但从一些关键句、关键词仍可以推测墓主的身份信息。“大周□□□都尉何府君墓志铭并序”“君（下泐）大夏月氏人也”表明墓主人是大夏月氏人何姓，何姓为西域康国昭武九姓中的一支，《北史》《隋书》《通典》《旧唐书》《新唐书》中多有记载。《新唐书·西域下》记载：“康者……君姓温，本月氏人。始居祁连北昭武城，为突厥所破……枝庶分王，曰安、曰曹、曰石、曰米、曰何、曰火寻、曰戊地、曰史，世谓九姓，皆是昭武。”麻赫穆德·喀什噶里在《突厥语大辞典》中记载，以康国为最大宗主国代表的安国、曹国、石国、米国、何国、火寻、史国等国，都属于大夏月氏人，代表姓氏有曹、安、史、康、石、罗、白、米、何等，史称昭武九姓。昭武九姓部族是中亚丝绸之路上一个由粟特人组成的独特商业民族，频繁商贸往来于中国与中亚各国。由此可知，“何府君”字样标明了墓主的何国身份与姓氏，墓主身份当为昭武九姓部族人，属粟特部族的一支。

“宣威将军”在唐朝为武散官名，从四品上。唐代勋级分十二等，最高等级是“上柱国”，其次是“柱国”，士兵和将领都可以获得勋级。从这两个关键词推断，墓主生前或担任唐朝官职。

“粤以久视元年九月七日终于鲁州”表明墓主人卒于久视元年（700），“久视”是武则天称帝后的第十一个年号。“终于鲁州”表明墓主是在鲁州离世。唐代行政区划多次变迁，军事机构的名称也随之变化，武德元年（618），改隋之灵武郡为灵州（今宁夏吴忠市）。贞观二十年（646），唐太宗李世民亲自到灵州抚慰归附的北方少数民族。大量北方少数民族内迁，唐王朝也随之设置带有“少数民族自治”色彩的羁縻府州，任命其部族首领为州刺史或府都督，管理部族内部事务。《新唐书·地理志》卷三十七记载：“调露元年，于灵、夏南境以降突厥，置鲁州、丽州、含州、塞州、依州、契州，以唐人为刺史，谓之六胡州。”《旧唐书·地理志》卷三十八也有记载：“调露元年，又置鲁、丽、塞、含、依、契等六州，总为六胡州。”所谓“六胡州”，在灵州界内，隶属灵州都督府监管。墓志中提到的“鲁州”从文献记载看，应为灵州下属羁縻府州中“六胡州”之一的鲁州。从墓志“以其月廿八日迁窆于□城东石窟原”可知，墓主人死后，灵柩最终安葬地点为“□城东石窟原”，即如今宁夏的吴忠市盐池县。

李鸿宾《何文哲墓志铭再考——兼论粟特人汉化问题》一文曾对其他粟特人的墓志进行考证，指出何国人参与唐朝政治、文化活动的情形历史多有记载。从西安西郊发现的何文哲墓志可知，何国王子何文哲于唐高宗在位时期（约679）任职长安宫廷神策军，可见当时粟特人何氏一支，不仅在边境归属唐朝，安家落户于六胡州，在中央也积极地融入唐朝的政治、文化生活。其中 3400 余字的墓志记载，详细记述了何氏王子保护皇帝、参与唐朝军政活动的情形。此外，关于粟特何氏一族与周边部族的关系，粟特安国墓志中记载“先何大将军长女，封金山郡夫人”，可知何氏以部族之间相互通婚来稳固部族关系，在唐朝时期为普遍现象。为稳固边疆，武周时期武则天在“六胡州”实行羁縻府制，客观上加强了六胡州粟特部族为唐朝政府效力的动力。作为回报，唐朝政府特许其部族首领等散官阶品享有编民赋役的特权。由此可见，粟特人部族在唐朝已经进入“华化”阶段，开始全面融入中原的政治、经济、文化生活之中，逐渐实现了“达其志，通其欲”，走进中华民族文化交融的历史进程之中。

石刻胡旋舞墓门的历史背景

石刻胡旋舞墓门背后的多彩故事是历史的缩影，同时也是中华民族多民族融汇过程中的生命印迹，彰显中华文化底蕴。探索、串联、揭秘胡旋舞墓门的历史背景，是追溯唐代人民的生活状态、华夏民族的民族意识与民族生命力的最好方式。

唐朝开放的民族政策

胡旋舞墓门的墓主人属昭武九姓何氏部族，他们通过丝绸之路迁徙而来，这是丝绸之路上中外文化交流、各国互通经贸形成的民族迁徙。同时这也有浓重的政治因素，唐朝时期康国等西域诸国会特以献奉胡旋女的方式向唐王朝表达友好、臣服之敬意，以此互惠互通。

唐胡旋舞墓门的发现地盐池是当时唐朝政府所设灵州的所在地。

灵州，《禹贡》中记载古雍州地，今属宁夏吴忠市，自先秦时期以来便是北方游牧民族与农耕民族长期争夺、对峙、交流的重要地区。唐朝初年，唐太宗曾派大将李靖击退突厥一族，并将归附的突厥族人安置于幽州至灵州的广大区域。唐太宗基于对当时北部边疆形势与民族关系的考虑，在贞观二十年（646）到达灵州，接受铁勒诸部的归降，并与臣服于唐朝的西域各部族进行会盟协商，史称“灵州会盟”。在会盟中，昭武九姓族人一并加入归顺的突厥部族，后被唐政府一同安置于“六胡州”的鲁州一带，窨子梁唐墓便是这一历史事件的见证者。唐太宗曾在评说民族主张时这样说道：“苍蝇之飞不过一二尺，及附骥尾，日行千里，何以致然，为所托处远。我今为天下主，无问中国及四夷，皆养活之，不安者我必令安，不乐者我必令乐，还如骥之受蝇，随其远近，不劳蝇身，自然远去。”唐太宗怀着民族大融合的胸怀与“各民族如一”的民族平等观，将西域各少数民族团结到中央管辖内，促成了中华民族多元一体格局的大框架，唐太宗也被北方各少数民族尊称为“天可汗”。受中原文化影响，灵州包括粟特部族在内的各部族因袭中原文化，臣服中原唐王朝的统治，并在此安居乐业。胡旋舞作为文化艺术交流的载体，也经此传入中原。

入华粟特民族的汉化

唐朝国力强盛、社会经济发达、文化艺术和对外贸易繁荣，吸引了大量域外人士涉远而来。粟特人善于经商，从汉代开始就活跃在丝绸之路上。由于战争和经商，粟特地区的居民沿丝绸之路，由西向东进入中国的塔里木盆地、河西走廊、中原北部等地区。其中一部分进入中原的居民，建立起自己的移民聚落。从窨子梁唐墓的大规模家族墓葬群来看，“六胡州”的粟特人是以部落形式而存在的。中原地区的汉文化逐渐被定居的粟特人所接受，他们开始深刻认同中华礼乐文明，入华粟特人的汉化实际上也就是对以汉族文化为主体的中华文化的学习、融合过程。

从窨子梁唐墓群看，入华粟特人汉化表现在三个方面：首先，粟特本土的丧葬习俗受到了波斯和突厥等民族的影响，多采用火葬，或者以尸饲狗以后，收余骨而藏，不用棺椁。但窨子梁唐墓群中 M1 墓室北部有长 2.6 米、宽 1.2 米、高 0.4 米的石棺床，棺床置一木棺，出土时基本保存完好。M2 的墓室北部也有一长 4.25 米、宽 0.55 米、高 0.35 米的石棺床，上有腐朽的棺木痕迹。M3 墓室后部有一长 2.45 米、宽 1.1 米、高 0.55 米的石棺床。M4 墓室北部有一长 2.4 米、宽 1 米、高 0.5 米的石棺床。M5、M6 也见石棺床，且 M4、M5、M6 内可见尸骨放置在石棺床上或壁龛内。由此可见，窨子梁唐墓群采用的是土葬方式，表明此时定居灵州的粟特人已接受中原习俗，采用土葬的方式，并用棺椁。

其次，墓志是中原地区独有的传统葬俗，其主要目的是记述死者生前的事迹或对其进行颂扬。墓志滥觞于秦汉之际，到唐代大为盛行。窨子梁唐墓群出土墓志，说明唐代入华的粟特人也接受了此习俗。据周绍良先生《唐代墓志汇编》的不完全收录，昭武九姓的墓志有 100 多方。窨子梁唐墓群中出土的墓志便是这一历史现象的最好佐证。

再次，粟特人不仅有自己的语言，亦有自己的文字，而且粟特文字对突厥、回鹘文字的创制有直接影响，对蒙古文、满文有间接影响。粟特文是中古时期伊朗使用的文字之一，源于阿拉美（Ahrimans）草书，是一种不注明元音的音节文字，有 19 个辅音字母、3 个特殊字母（β、δ、γ）。粟特文文献在丝绸之路沿线相继出土，也证实粟特文在中原、西域、漠北、中亚等地区都曾广泛使用过。但是窨子梁唐墓群墓志上的文字并未使用粟特文，而是使用汉文阴刻楷书，这也是入华粟特人汉化的表现，表明此时的粟特人已接受中华文化，并已学习汉文、使用汉字了。

“石刻胡旋舞墓门”的文化解读

展示黄河文化兼容并蓄、海纳百川的胸襟与气魄

秦统一全国后，宁夏地区正式被中央王朝纳入政治管辖区域，兴修水利、移民戍边、屯垦驻守成为中央王朝管理宁夏的重要措施。“引黄灌溉”的序幕开启后，灌溉农业在宁夏蓬勃兴起，使宁夏平原成为当时的关中粮仓。秦统治时期，宁夏地区出现了农耕文化与游牧文化的首次碰撞与融合。两汉时期，中央王朝对边塞地区的政策改为大规模向河套地区移民戍边，引黄古灌区得到迅速发展，汉延渠、光禄渠等 10 多条水渠的修建，使灌溉农业迅速发展壮大，宁夏成为中原王朝屯垦戍边的战略要地。此时，由于宁夏地区农业、畜牧业的发展，社会经济水平得到显著提高，遂被誉为“新秦中”。据文献记载，当时的宁夏已然是“牛马衔尾，群羊塞道”，成为全国农牧业生产最发达的地区之一。隋唐时期，宁夏引黄灌溉得到进一步发展，在整修原有渠道的基础上，又开凿新的渠道。唐元和十五年（820），修浚和扩建宁夏历史上最大的灌溉工程——唐徕渠。同时，隋唐时期，宁夏又是丝绸之路东段北道的交通要道，北部的灵州也是丝绸之路文明交流互鉴的重要节点。这一地区既向外传播扩散自己的文化，也积极吸收外来文化，彰显出黄河文化求同存异和兼收并蓄的特点。因此，隋唐以来，宁夏地区社会稳定、经济繁荣，成为安置内附民族的重要区域，有许多经商来此的西域少数民族，以及原本生活于此的少数民族。因为黄

河的自流灌溉、定居和农业的稳步发展，北方游牧民族和中原汉族文化相交融，宁夏地区的社会风俗发生很大变化。《太平寰宇记》有载：“其江左之人尚礼好学，习俗相化，因谓之塞北江南。”唐代诗人韦蟾也在《送卢潘尚书之灵武》中赞誉道：“贺兰山下果园成，塞北江南旧有名。”

在唐代，今天宁夏境内的吴忠、盐池、灵武一带是昭武九姓人的聚居地。唐王朝为有效安置和管理这一地区的少数民族，以“朔方之地，自幽州至灵州置顺、宥、化、长四州都督府”。唐初，为进一步加强对河套地区突厥降户的统治，置“六胡州”。“六胡州”的位置，史书中有“灵州南界”“灵夏南境”等不同记载，但大致在灵州、夏州。胡人在这里可以延续自己古老的传统和社会组织形式，同时也接受中央王朝的管理。“六胡州”中鲁州的大致位置在今天宁夏的盐池地区，而出土胡旋舞墓门的唐墓群也在盐池县苏步井乡，并且窨子梁唐墓是以大规模家族墓葬群的形式出现的。这些都说明了在黄河的哺育下，窨子梁唐墓的墓主人们——粟特人，逐渐改变了过去贸易民族四处经商的生活习俗和生活状态，适应了秀丽富饶的“塞上江南”的自然环境，学会了农耕生活，并留于此地繁衍生息，聚族而居，相对固定地生活在今天的宁夏盐池地区。

黄河文化呈现的中华民族多元一体发展脉络

从春秋战国到秦汉王朝大一统时代，黄河流域经历了从多元并立到多元一体的文化融合过程，形成了黄河文化的完整体系。随着历史的演变，这个体系在各民族的逐渐统一和融合进程中茁壮成长，文化内涵也不断地丰富和发展，最终形成了以黄河文化为核心、多元一体的中华文明。

唐朝是一个开放与包容并存的时代，黄河文化本身就有兼容并蓄、博大无比的胸怀，能够将外来文化融于自己的肌体。随着唐朝同西域各民族经济、文化的交流，大量西域乐舞艺人沿着丝绸之路，一路载歌载舞，汇聚关中和中原，使唐代的音乐、舞蹈大放异彩，并将中华乐舞推向辉煌。

白居易《胡旋女》一诗使胡旋女的姿态、神情跃然纸上。《胡旋女》既是赞美诗，也是讽谏诗，白居易赞美胡旋舞美艳绝伦、回雪飘逸，同时借此讽谏唐玄宗李隆基晚年昏政，致使国家危亡、盛世衰落。所以，这首诗的别名也叫《戒近习也》。石刻胡旋舞墓门在唐代墓葬中属首次发现，它的出土第一次将史籍和诗歌中记载的“胡旋舞”以实物的形式生动再现。唐朝时期人们对西域舞蹈的热爱，源于其舞姿优美且具有张力，特别是胡旋舞动作矫健轻盈，旋转速度极快，音乐节奏感极强，对于舞蹈技术的要求也非常高，再加上它的伴奏乐器以鼓乐为主，鼓点明快、动作刚劲有力。诗中描绘，从撒马尔罕向唐朝首都长安而来的胡旋舞女，在节奏鲜明的鼓乐之中，施展舞蹈技艺，蹁跹起舞间像陀螺一般回环旋转不停，又像雪花一样飘曳空中，间而又像蓬草一样摇摆身姿，千圈万转终不停止，观者都觉累目，胡旋女仍左旋右转不知疲倦。可见，“飞速旋转并且动作轻盈”构成了胡旋舞的主要风格与特色。而胡旋舞者的服饰多为窄身上衣，宽摆下裙或长裤，手执长巾，舞动时“其疾如风”，令人眼花缭乱。胡旋舞所表现的西域少数民族热情、奔放、豪迈的民族性格，健朗、欢快、活泼、俊美的舞蹈特点，与隋唐时期文化的开放包容，唐代社会意气风发、昂扬向上的时代面貌相应和。正是因为胡旋舞的这些舞蹈风貌，其在隋唐时期风靡一时，广泛流传于宫廷、达官贵人家庭甚至寻常百姓家，直至唐末，盛行不衰。

胡旋女（戒近习也）

〔唐〕 白居易

胡旋女，胡旋女。心应弦，手应鼓。
弦鼓一声双袖举，回雪飘摇转蓬舞。
左旋右转不知疲，千匝万周无已时。
人间物类无可比，奔车轮缓旋风迟。
曲终再拜谢天子，天子为之微启齿。
胡旋女，出康居，徒劳东来万里余。
中原自有胡旋者，斗妙争能尔不如。
天宝季年时欲变，臣妾人人学圜转。
中有太真外禄山，二人最道能胡旋。
梨花园中册作妃，金鸡障下养为儿。
禄山胡旋迷君眼，兵过黄河疑未反。
贵妃胡旋惑君心，死弃马嵬念更深。
从兹地轴天维转，五十年来制不禁。
胡旋女，莫空舞，数唱此歌悟明主。

胡旋舞墓门是中华民族多元文化交流的见证，反映出中原文化与中亚文化对宁夏地区文化艺术的冲击和影响。胡旋舞作为一种文化现象，从遥远的中亚来到位于地处西北边塞的宁夏安家落户，并向中原及其他地区传播，这是中华民族多元一体发展脉络的呈现，也是民族迁徙与融合的必然结果。从粟特部族角度看，将胡旋舞作为石质墓门的装饰图案，本身就蕴含着对胡旋舞这种舞蹈的思恋，即以舞寄托思乡之情。粟特人落土灵州的“归宿认同感”，也反映了西域外族等少数民族融入大唐盛世、融入中华民族之后的民族身份归属与认同，这为中华民族的融合脉络提供了实物佐证。

以黄河文化为“根脉”的中华文明之所以成为世界上唯一不曾中断的文明，不仅在于它“同根同源”“一脉相传”，更在于它有开放包容、兼收并蓄的气度底蕴。隋唐时期，西域的乐舞在中原，尤其在长安、洛阳等地广为流传，与黄河文化的气度底蕴密不可分。

中华民族生命力的赞歌

黄河文明从民族融合角度看，是游牧族群与农耕族群互动演进的历史。华夏大地自古以来都是多民族聚集的格局，中华民族的形成过程自古以来也一直是民族融合的过程，在此过程中衍生出的民族生命力是华夏文明延续至今仍生生不息的根源，石刻胡旋舞墓门的发现更像是中华民族顽强生命力的象征。

在民族融合的历史演变中，古代中国各个“民族”族群之间原本就存在体质（外貌、毛发、体形等）差异、文化（语言、习俗、价值观念、宗教等）差异、经济（经济活动中的分配方式）差异、居住地（地域范畴的自然人文生态与居住流动性等）差异，但经历上千年的纷争与融合，直至新中国成立，中华各民族之间渐渐形成了较为统一的认识，各民族对国家与民族意识的认同超脱于狭隘的“族群”意识范畴，融合成为一个大的、一体的“中华民族意识”。但古代中国不然，在封建王朝时期，只有在军事、经济实力处于失衡状态，国与国之间、族群与族群之间才能形成融合态势。否则，在固定地域资源条件下，两个不同血脉与资源诉求的国家（族群）之间便会陷入无休止的资源争夺博弈过程之中，这恰恰是中华民族游牧族群与农耕族群之间文明模式、内在经济矛盾演变为军事争夺的根源。在封建时代结束前，中原农耕文明与草原游牧文明发生了耗时几千年的拉锯战争。但神奇的是以黄河为生存依靠的农耕民族，文明虽曾遭游牧民族数次打击，但从未中断，究其根源便是黄河文化衍生出来的儒、释、道等主流传统文化在支撑中华民族的民族意识，在族群之间的战争、融合中，不断地以兼容并蓄、海纳百川的文化包容力融合各民族存在的经济结构差异、居住地差异、文化差异、体质差异等，进而形成统一的中华民族，造就统一的华夏文明。族群多元，但共同的“华夏民族意识”始终在历史的发展进程中促进着中华各民族逐渐趋向“一体”。

唐朝由于全面的国盛民强，吸引了众多外族朝贺。粟特族在得到唐太宗李世民的肯许后，被安置在“六胡州”，逐渐形成了多个粟特族聚居区，胡旋舞墓门就是粟特族在丧葬习俗中见证这一民族融合与民族意识统一的历史遗物。因此，中华民族的生命力、中华民族生生不息的民族精神，在一次次的民族融合与纷争过程中，形成最终的民族意识——自强不息、兼容并蓄。黄河文化好似源源不断、奔腾流淌的黄河水，而中华民族正是因有这种由内而外迸发的民族精神才得以生生不息。

丝绸之路中西艺术交流的见证

胡旋舞墓门代表的是唐朝多民族融合的历史，是黄河文化兼容并包的历史，同时也是丝绸之路上中西艺术交流的历史。

胡旋舞墓门的发现位置——宁夏盐池，正是唐朝丝绸之路上的要冲节点。彼时的盛唐中国，通过丝绸之路的大力拓展，国际影响力居世界第一。由国都长安起直接贯通东亚、中亚、地中海地区与北部非洲地带，在盛唐繁华与华夏文明远播海外的同时，各国国君、使臣、客商、僧侣、学者、工匠、医生、胡姬纷至沓来，涌向盛唐，他们带来了西方的文化和艺术。胡旋舞墓门见证的正是唐朝中国与西域各国的民族融合、文化融合，也是丝绸之路上中西艺术交流的历史佐证。

1. 丝绸之路上的乐舞交流。乐舞艺术是丝绸之路艺术的重要组成部分，丰富多彩的乐舞艺术见证了丝绸之路文化的丰富多彩，中国同西方各国的乐舞交流也因丝绸之路而日渐繁盛。

丝绸之路上，外来西域乐器的加入成为促成唐代歌舞宴饮之风盛行的重要因素，以印度系、波斯系为主的伴奏乐器乐曲规模小，通常四五人就可组成一个小乐队进行演奏、伴奏。据文献记载，胡旋舞的伴奏乐器多达几十种，琵琶、横笛、丝桐、铜钹、排箫、腰鼓、海螺、箜篌、笙都可为其伴奏。但主要演奏乐器为鼓，鼓音助兴，意到阑珊时，还能因陋就简地拿起盘、碗、碟以配合鼓声，组成交相辉映的舞曲节奏，甚至舞到情酣之时，拿起鼓，便可将其变为舞蹈的道具，正所谓“如是天乐不鼓自鸣”。在舞曲风格的塑造上，以节奏鲜明、旋律高昂的音乐为主，无不透露着西域少数民族的异域风情。沁人心脾的音乐效果与艺术氛围，加之轻盈欢快的舞蹈动作，产生“四座无言皆瞠目，无心他顾耳绕声”的艺术感染力。

胡旋舞是现代人对胡旋舞与胡腾舞在广义上的总称，男女皆可跳。胡腾舞以男子舞者居多，体现舞者矫健跃动的美感。胡腾舞节奏强烈、步点刚猛、铿锵有力，在身形健硕男子的舞动下，跃腾起舞间，更显男性的雄健魅力。胡旋舞则以女性舞者居多，如回雪飘摇般旋舞，女性舞者的曼妙身姿与绝美妆颜，配合鼓点鲜明的律动，回旋往复间，衣饰旋炫，飘带驰飞，好似仙女飞花。以鼓为主的音乐表现形式在矫健、欢快、明朗的同时，兼具西域古国的新奇幻美意境。方寸之间，舞者便在小圆毯之上回旋飞舞，腾跃旋环，在色彩缤纷的舞服装饰与声韵动人的起伏旋律下，舞姿甚是美妙。与石刻胡旋舞墓门相对应的舞蹈形象，在西安碑林中也曾有画刻为证。西安碑林的唐代石碑上，裹腿

西安《半截碑》两侧的舞蹈图（拓本）

束带、紧身舞衫舞靴的两名男子，扬臂翻腾，器宇轩昂的挺拔舞姿与石刻胡旋舞墓门所刻画的形象相似，它们共同揭示了唐朝时期西域乐舞文化迁徙、传入中原，并与中原文化碰撞的历史。同时舞蹈形象出现在墓门、石碑上，也从侧面反映了丝绸之路不仅是中外贸易互通有无的通道，更是通过载歌载舞的形式进行中外文化交流互鉴的通道。

由于中亚（撒马尔罕）音乐的融入，西域乐舞由南北朝至隋唐时期传入中原，风靡于朝堂上下与百姓坊间。其中，胡旋舞最早传入于北周时期，《旧唐书·音乐志》记载："周武帝聘虏女为后，西域诸国来媵，于是龟兹、疏勒、安国、康国之乐，大聚长安。胡儿令羯人白智通教习，颇杂以新声。"唐代西域粟特人"昭武九姓"部族随丝绸之路迁徙至中原后，胡旋舞才风靡唐朝。粟特人随着丝绸之路的繁盛与“黄河之水”的哺育，加之唐朝开放包容的民族政策渐渐在夏州、灵州、安乐州等地安定下来，粟特人逐渐融汇入中华民族的大河之中。隋唐时期，流传于宁夏的胡腾舞与胡旋舞被引入国都长安后，朝廷将西域各国流传乐舞编入隋代《九部乐》、唐代《十部乐》，彼时各种音乐风格大融合的繁荣景象通过文字流传于后世。

关于胡旋舞在朝堂之上盛极一时，《旧唐书·安禄山传》中有记载，“至玄宗前作胡旋舞，疾如风焉”反映了当时的政治活动中，胡旋舞作为一种臣子与皇帝、臣子与臣子之间的“交谊舞”，不局限于舞伎乐女与后宫嫔妃的以舞助兴，舞蹈者更没有男女之分，胡旋舞在唐朝的政治舞台上更多地是扮演一种“交际工具”的角色。胡旋舞墓门的发现地，当时属于唐代中原文化的边陲，习俗风尚与中原相距甚远。远离故土的粟特人，将从遥远的撒马尔罕家乡带来的民族舞蹈运用洗练的线条刻画在墓门之上，既标明自己的种族身份、寄托思乡之情，同时也获得了情感上的归属，并为丝绸之路的艺术交流留下实物见证，反映出中亚、西亚乐舞对宁夏地区文化艺术的深远影响。瑰丽多姿的乐舞艺术不仅反映了丝绸之路艺术文化的多元性，也是丝路文化交流的重要成果。

2. 丝绸之路上的服饰交流。在丝绸之路的中西文化交流中，闻名盛唐的不仅有胡旋舞本身，还有其奢华美艳的服饰。由于胡旋舞以旋转速度快著称，所以舞衣能够体现出舞伎的体态之美是服饰设计的重点。在各种高难度的旋转动作中，服饰的设计既要体现舞者旋转如飞的飘动感，又要衬托舞者凹凸有致的曼妙身材。按照《通典》说法，在充分显露舞者性感曲线和剪影轮廓之美的同时，舞衣色彩也极为考究，选用红、绿、蓝、黄、褐俱全的颜色互为对比，跳身转旋间就如同飞旋的凤鸟，缤纷美丽，魅力十足。李端《胡腾儿》诗中记载：“桐布轻衫前后卷，葡萄长带一边垂。”葡萄长带作为一种飘带，不仅有装饰之用，更为重要的是随舞者回旋起飞，成为围绕舞者周身的流动旋环，增强舞蹈的观赏性。胡旋舞与胡腾舞的舞衣设计有异曲同工之妙。在其他装饰细节上，赤裸腰腹、袒露香肩美背的舞者，手腕处装饰以手镯、臂钏，在手镯、臂钏上再装饰五彩宝石，配合下身窄口的红色（绿色）短裤或短裙，肩披红绿二色的曳地长帔。恍惚间，舞者迈动轻盈的身姿舞动旋转，在热烈激荡且欢快的音乐氛围中，带给观众强烈的视觉色彩冲击和艺术感染力。

受传统儒家思想影响，唐朝时期的汉族服装以汉服为主要服饰，长袍大袖在遮羞蔽体的同时也隐藏了人对自身体态美感进行展示的心理需求。然而，随着丝绸之路上西域乐舞的传入，唐朝对异域服饰文化也采取兼容并蓄的态度。胡服颜彩奢华，衣裙紧身，充分呈现出舞者玲珑有致的曼妙身材，遂被盛唐人所追捧。在此之后，盛唐的女性服装也随之向多样性转变，一改唐代之前女性服装款式的单一风貌，将汉服的长短上衣、曲裾等服装类型从儒家思想的社会等级与礼制束缚中解脱出来，充分融入胡服性感、充满魅力且衬托身材之美的服装设计理念，从程式化礼制服装向胡旋舞舞服带来的时尚潮流转变。

在石刻胡旋舞墓门上的剪影画中，二舞者肩头都装饰有披帛轻纱，绕身旋飞。这种披肩，或称“披帛”，在风的吹动中会在着衣者周身营造出一种飘逸灵动之感。所以，唐朝女性在追求服饰设计美感的同时，自然不会遗漏“披帛”这一特殊装饰所带来的轻盈之美。在改良襦裙、袄裙、曲裾的过程中，一扫曲裾制式服装的拘束感，唐朝的服装设计者大多采用半袖襦裙，袒胸束腰，以此展现女性的性感魅力。受胡风影响，人们穿着更加大胆，开始摆脱儒教礼制的限制，“小蛮腰”

石刻胡旋舞墓门线描图

无内衣衬底的轻纱，绮罗纤缕见肌肤，仍不觉为耻，反以为美，可见盛唐时期受西域少数民族影响，民俗风化秉承开放包容的态度。这是自先秦时代结束，中国封建王朝时期女性服装开始脱离儒教礼制限制，社会对展现女性体态之美、性感之美这种风俗时尚变化最宽容的时代。

丝绸之路服饰交流对唐朝服饰的影响还不止于此。《新唐书·五行志》记载：“高宗尝内宴，太平公主紫衫、玉带、皂罗折上巾，具纷砺七事，歌舞于帝前。帝与武后笑曰：‘女子不可为武官，何为此装束？’”公主宴会反穿胡服男帽，不仅不被高宗、武后斥责，反而笑问。

可见，女子反穿胡服男装在朝堂上不仅无人觉得不雅，也无人拿出儒教礼制来评判女性在封建时期所谓的“出格”之举。女着男装在张萱的《虢国夫人游春图》中一样可见，女子着男装、蹬黑靴，骑马游春，好不自在。

唐代社会对女性包容、开放的态度，是女性追求美、追求个性变化的本质原因。随丝绸之路来到中原的西域少数民族的胡服、胡舞，以它们的热情奔放感染了唐朝女性，鼓舞了唐朝女性追求性感之美，这是中西两种文化在服饰衣着上的碰撞交流。

3. 丝绸之路上的绘画雕刻交流。石刻胡旋舞墓门作为墓葬之物，在绘画、雕刻手法与风格样貌上遗存着汉代以来的稚拙之气，剪影的造型经过刻刀雕琢，古朴隽美。两扇墓门四周装饰浮雕卷云纹，增强了图案的动感，剔地的阳线刻画凸显剪影轮廓之美。栩栩如生的人物形象单单依靠线条的组织、穿插就可以表现出胡旋舞的动态之美，寥寥数笔的面部神情勾勒，结合对称式构图，两舞者的呼应之情，跃然石门之上。

作为标志墓主人身份的胡旋舞墓门，采用阴线刻与阳线刻搭配的方式，画面错落自然，层次明晰，不以细微地刻画物象为雕刻价值取向，而是在神似的基础上注重所刻之物意象审美上的准确。因此，夸张与提炼的线条难免存在脱离实际物象的“变形”之感，但这恰恰又是艺术的真实之美。唐代雕刻匠人在审美价值取向上，坚持以形传神的绘画雕刻理念为胡旋舞作图像记录，而中亚粟特人在墓葬文化上，延用汉唐遗风的雕刻技法表现本民族的风俗舞蹈，这都是丝绸之路上艺术融合的有力见证。对华夏各民族而言，审美价值取向虽有差异，但对美好事物的共同判断是相通的，不以物象审美的种类不同而否定异域民族的审美价值取向。

图像作为记录，只留物证，不见物缘，但石刻胡旋舞墓门这个极具代表性的国宝文物，恰是中西文化通过丝绸之路最好的交流实物。

文明因交流而多彩，文明因互鉴而丰富。

唐代石刻胡旋舞墓门所记录的胡旋舞作为一种外来艺术，在唐朝以宫廷燕乐的形式广泛盛行于朝堂之上，并深得坊间百姓喜爱，流传于世。其有如此生命力正是黄河文化生生不息演化历程的最好见证。石刻胡旋舞墓门是黄河流经宁夏孕育而出的黄河文化的重要载体，它是中华民族融合、文化交流、艺术碰撞的有力佐证。中华民族兼容并蓄、海纳百川是中华文化发展的不竭动力与源泉。自唐代石刻胡旋舞墓门在宁夏发掘之日起，各方专家、学者对胡旋舞墓门所记录的胡旋舞以及胡旋舞背后所蕴含的黄河文化的发展历程便产生了浓厚的研究兴趣。可以说，胡旋舞经过历史长河的不断冲刷，时至今日仍熠熠生辉，闪烁着独特的舞蹈艺术魅力与文化内涵。就胡旋舞本身而言，它的舞蹈价值在当代仍有一定的影响力，以胡旋舞为蓝本的中国民族舞深受我国广大人民群众的喜爱，这恰恰反映了华夏文明与黄河文化的博大精深、影响深远。

石刻胡旋舞墓门映照的是似旋舞腾跃的黄河文化在历史演进过程中的兴衰故事与艰辛发展历程。黄河文化是中华文明的“摇篮地”，是中华民族传统文化生发的源头，更是中华民族意识萌发、发展、融会、强大的基础。石刻胡旋舞墓门的历史研究价值就在于对其所代表的黄河文化的研究、保护、传承和弘扬。

宁夏回族自治区博物馆

王怡

参考资料：

1.〔宋〕王钦若等编：《册府元龟》（卷 170），中华书局 1994 年版。

2. 周绍良：《唐代墓志汇编》，上海古籍出版社 1992 年版。

3. 韩树伟：《丝路沿线出土粟特文文书研究述要》，《中国农史》2019 年第 6 期。

4. 黄银洲、何彤慧：《再论唐六胡州城址的定位问题——兼谈历史地理学研究方法》，《中国历史地理论丛》2011 年第 1 期。

5. 龚永辉：《民族意识调控说：民族识别与民族理论的文化自觉》，广西民族出版社 1996 年版。

内蒙古

丹青绘写黄河弯 携手边关两千年

——和林格尔新店子汉墓壁画

内蒙古自治区，简称“内蒙古”，黄河上中游在内蒙古以“几”字形蜿蜒流淌，沿黄以北为重要的地理屏障阴山山脉，山河之间为沃野千里的河套平原和土默川平原，沿黄南岸为广袤的鄂尔多斯高原。黄河流经内蒙古6个盟市，总长度为830千米。沿黄河两岸沙漠浩瀚、草原广布、峡谷险峻、平原肥沃，独特的自然地理条件、历代劳动人民辛勤劳作，造就了这个农牧交错带的地域经济和人文环境，成就了内蒙古文化多元、共融共生的人文特色。

内蒙古境内发现的汉墓壁画集中分布于沿黄“几”字弯的呼和浩特市、包头市、鄂尔多斯市，放牧、狩猎和农耕是该区域壁画的流行主题。和林格尔新店子一号墓位于内蒙古中南部，是我国最著名的汉代壁画墓之一，其鲜活的绘画艺术和丰富的内容，为我们呈现了一幅东汉时期北方边疆地区的人文地理风貌，是我国古代中原王朝开发治理北部边疆的重要实物遗存。

丹青绘写黄河弯　携手边关两千年

——和林格尔新店子汉墓壁画

和林格尔新店子一号墓位于内蒙古自治区和林格尔县，是我国最为著名的汉代壁画墓之一。除因年久剥落及被盗掘破坏者外，仍有46组57个画面，面积达百余平方米的壁画，场面大气恢宏。壁画中可识辨的榜幅近250条，这在迄今发现的汉墓中是仅见的。壁画中所绘人物、车马、城垣、建筑、庄园等，以其广泛多样的题材、丰富翔实的内容、娴熟高超的绘画技术，向我们呈现了一幅东汉时期北方边疆地区的人文地理风貌。

由于地处边疆地区，史书笔墨较少，记载颇为简略。而墓室壁画所承载的历史信息非常丰富，比如壁画中描绘的汉代建筑组群有城市和庄园，包括不同任期的官寺、府舍、仓、库、桥梁、市场、城墙、兵营、坞壁和学校，并附有榜题标出名称，因而是一份研究汉代建筑史的重要形象资料。史书文献对我国古代城市规划建制等方面记载不多，涉及中、小城市就更少，该壁画中出现了离石、土军、繁阳县、武成、宁城5个城图，特别是“宁城图”表现城市格局的各个部分，相当完备，比文献记载更形象、全面，可作正史、补史，史料价值极高。

和林格尔壁画墓概况

汉代，黄河“几”字弯地处中原农耕文明与北方游牧文明交往、交流、交融的腹地，是汉王朝北方的边防重地，留下了丰富的历史文化遗产，其中就包括珍贵的墓室壁画。壁画墓在汉代兴起并盛极一时，到东汉时已广泛流行于边疆地区，内蒙古已发掘的汉代壁画墓集中发现于黄河“几”字弯区域，既受到长安、洛阳两京地区的强烈影响，又带有北方草原鲜明的地域人文特色。

1971 年秋，内蒙古和林格尔县新店子公社在修筑梯田时发现一座汉代壁画墓，内蒙古文化局当即派文物工作队前往调查了解，于次年秋对该墓进行了清理，编号为和林格尔新店子一号墓，并对墓室壁画作了临摹。

该墓坐落于和林格尔县东南 40 千米，处于黄河支流浑河北岸的一处高地上，南面河水漫流，四周冈峦起伏，景色优美。在其东 5 千米处有一座当地居民称为“榆林城”的古城，在其西北 50 千米处是和林格尔土城子古城，即后来的盛乐都城。由呼和浩特至大同的公路从墓葬北面穿过，往东 20 多千米是明代长城要隘杀虎口，往西北 95 千米可抵呼和浩特市，这里自古以来都是南北交通要道。

和林格尔新店子一号墓为带长斜坡墓道的多室砖墓，全长 19.85 米，由墓道、墓门、前室、中室、后室及三个耳室组成，墓室壁面满饰壁画并附有大量榜题。

墓地略呈土丘状，高于四周地面，封土痕迹已不明显，墓顶外部填土 1.8 米左右。共有三层封门砖，下部砖侧立向上垒砌，到 1.3 米以上作人字形交错封闭。封门砖表面用石灰抹平，有模糊不清的虎形彩绘。门外为方形天井，前面连接着狭长的墓道，平面呈凸字形。墓道前窄

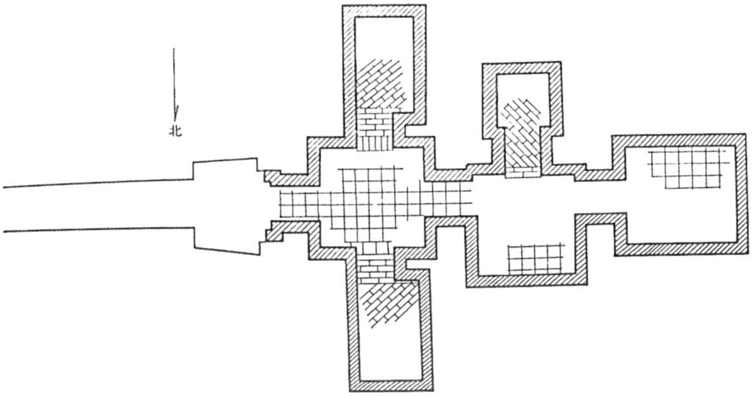

墓葬平面图

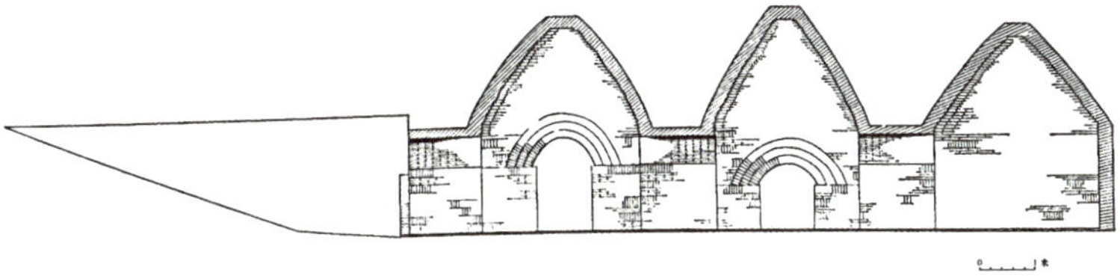

墓葬纵剖面图

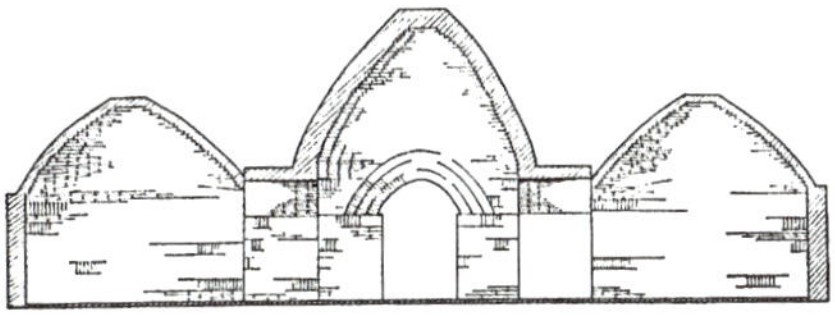

墓葬横剖面图

墓葬平剖面图

后宽，底部呈斜坡状，长 7.2 米。墓室用青灰色条砖建造，四壁自下而上为错缝平铺和侧立横砌，10—12 层以上叠涩收顶。墓室之间的甬道都筑成 3 层平列券顶，墓室顶部则以横砖平砌成穹隆顶，墓室高 3.6—4 米。前、中、后三室均以方砖铺地，耳室地面用素条砖铺砌。从和林格尔新店子一号墓墓室砌法和铺砖方式看，都属于东汉晚期墓室营造的特点。

此墓早年被盗，在前室顶的东北部有一个盗洞，墓内大部分随葬品被盗，棺木也已遭焚毁。尸体仅发现少数门牙、椎骨、臂骨等，残碎零散地混杂于扰土之中，后室的铺地砖全部被撬起。残存的随葬器物，位置大都受到扰动，清理出很多陶器碎片，并从中整理修复了 71 件，此外还发现残铜镜 1 面、残铜片 1 件、残铁器 7 件和漆器残片若干。出土的陶罐、鼎、案、樽、盘、盒、碗、耳杯、魁斗、勺等，均与河南陕县（今三门峡市陕州区）刘家渠、河北定县（今定州市）北庄子和山西太原等地出土的东汉晚期墓葬陶器相同，与洛阳烧沟汉墓东汉中、晚期墓葬出土的陶器也极近似。绿釉陶器，器表闪耀银光，同样具有东汉后期陶器的特征。变形四叶四凤铜镜，据推断年代大约处于东汉桓帝之世（147—167）。这些发现不仅反映墓葬年代为东汉晚期，同时也反映了墓葬所在地同中原地区文化的密切关系。

该墓葬后室西壁墓主人画像的榜题已脱落不清，从残存的笔迹看，第一字可能是“使”字，第二字像是“君”字，第三字无法辨识。墓主人像旁边女像的榜题仿佛“夫人”二字。史籍记载中，自公元 140 年的护乌桓校尉王元以后，直到公元 195 年阎柔杀护乌桓校尉邢并取而代之，数任护乌桓校尉都与墓主人经历不符，看来墓主人可能是史籍未见记载的另一个护乌桓校尉。

和林格尔壁画墓壁画解读

壁画是该墓发掘最重要的收获。壁画保存较好，满绘于墓壁及各甬道两侧，直到墓顶，而墓顶的部分多已脱落，个别地方因烟熏模糊不清。墓主人生前的仕途经历和庄园生活，均以壁画的形式展现在墓内。

全部壁画是一个相互联系的整体，前、中、后三室着重呈现墓主人一生的经历：其中前室和中室都是记录或炫耀墓主人的官场活动。前室的出行场面和甬道、中室的官府图是历任官职的记录，前室的“使持节护乌桓校尉”出行图和中室的“宁城护乌桓校尉幕府图”是全部壁画最精彩之处。中室还绘有经史故事、人物和祥瑞等图。后室壁画表现了墓主人晚年家居生活及其地主庄园。三个耳室分别绘有庄园农耕、放牧和庖厨等画面。

下面将依进入墓室的顺序对壁画内容进行介绍。

前室

前室壁画分三层：中层绘墓主人生前的官宦出行图，下层绘下属官曹，顶部绘灵异等神话传说。

1. 中层。从墓室西壁右侧开始沿逆时针方向，以出行图的形式着重描绘了墓主人的仕途经历。西壁从“举孝廉时”到举为“郎”官进入仕途，接着便是他任“西河长史”车马出行的场面。南壁以较大篇幅描绘“行上郡属国都尉时”，其连车列骑，声势煊赫，可知这一职务在他官宦经历中的重要性。东壁从右下方开始，有榜题“繁阳令”，绘有众多的骑乘簇拥主车，呈现了墓主人担任县令时的豪华阵势。北壁满绘（延伸到东、西壁一部分）墓主人最高官职“使持节护乌桓校尉”出行的情景，这是壁画中突出表现的中心内容，这一任职的画幅数量最多，场面也最大。

前室西壁中层，自右方开始为举孝廉出行的场面。墓主人乘轺车，后随大车、从骑。主车后上方榜题“举孝廉时”。孝廉是东汉官吏晋升的必经之阶，通常在郡吏中选拔。墓主人所在的并州定襄郡仅13000余人口，每隔三年才能举出一名，能够举出的多是豪强大族中的人物。东汉晚年，政治腐败，往往“以廉选而以贪去”，当时就流传着“举秀才，

“举孝廉时、郎、西河长史”出行图　前室西壁

不知书。察孝廉，父别居……”的歌谣。

画面转到西壁中间，画黑盖轺车七辆，主车居中，榜题“郎”，两旁有佩弓箭的从骑，表明墓主人举孝廉之后，接着为郎，由孝廉到郎是两汉的通例。郎（中）始于战国，东汉时为正式朝官，是一种既无职责，又无官署，且无员额限制的官员，可直接与皇帝接近，其任务是侍卫、陪从，以备顾问或差遣。壁画中的郎，即郎中，品秩三百石。这时，墓主人年龄约在五十岁以下，为郎的地点似应在洛阳城的左署或右署。

接着到西壁左侧，延伸到南壁右侧，为“西河长史”出行场面，画面上从骑众多，簇拥着前面的主车，两翼边行边猎。按东汉制度，为郎之后就可以通过这个阶梯而“出宰百里”，去外任县的令、长或郡的丞、尉、长吏等职。汉代的郡县制度承袭秦代而来，汉代将郡守

“行上郡属国都尉时”出行图 前室南壁

改作太守，郡尉改作都尉。西河郡可能无丞，也无都尉，郡太守之下就是长史，实际上是身兼郡丞和都尉两职的实权人物，在太守因故空位时，即可代行太守职权。

接着是属国都尉出行，位于南壁左侧。西河长史与上郡属国都尉都是掌理南匈奴之事。身穿红衣黑袖的墓主人乘坐轺车居中，车后上方榜题“行上郡属国都尉时”。主车前后和两侧有众多的武官和武士，佩弓执戟相随，行列首尾飘动着羽葆、风候，左右点缀狩猎的场面。属国是郡级行政单位，即所谓“分县治民比郡”，但比郡“差小”，面积大约只有县那么大。属国的设立主要是为了管辖迁徙而来的少数部族。墓主人原任西河长史，而属国都尉近于郡守级，品秩比二千石，按汉制，由品秩低者摄品秩较高的职务时，官衔之前须加一“行”字，

“繁阳令”出行图　前室东壁

有代行其职的意思。

行上郡属国都尉之后，墓主人暂时调离了北方少数部族聚居地区，充任繁阳县令。过了南壁的“行上郡属国都尉时”出行图，转到东壁右侧就是“繁阳令”出行图。图中数辆导车在前，武装的骑吏左右护卫，主车后榜题“繁阳令”，又有轺车、斧车殿后。繁阳是当时有名的大县，属魏郡，公元220年，曹魏曾在此接受东汉献帝的“禅让”，之后改名繁昌。

东壁左侧起经北壁延伸至西壁右侧，绘宏伟的护乌桓校尉出行场景，有各种车辆10乘，不同色彩的马129匹，文武属吏及士卒等计128人。主车之前有导车和“功曹从事”“别驾从事”“校尉行部”等文武官吏和兵卒，最前端可见乘马的“雁门长史”，又有“……上人马皆食大仓”的榜题。墓主人乘坐的轺车，拥赤节，驾三匹黑马，

“使持节护乌桓校尉”出行图　前室北壁

榜题“使持节护乌桓校尉”。主车后又有钲、鼓、輂车，以及红缨棨戟和斧车。队列两翼，层层环护着众多的武官、甲士，还有红、黑色的风候和圆球形的羽葆飘扬在空际，连车列骑，前呼后拥，活现了护乌桓校尉出行的壮观场景。图中的别驾从事、功曹从事、校尉行部等，大都是护乌桓校尉临时增设的属官。雁门长史本是雁门郡太守的属官，出现在这个出行行列里，可能是表示他亦是使持节护乌桓校尉的下属。

2. 下层。从南壁右侧顺时针延伸至西壁右侧，主题为墓主人历任官职的仓廪图。南、东壁转角处绘幕府东门，东、北壁转角处绘幕府大廊，北壁左侧为拜谒、百戏图。从南壁左侧向北壁逆时针依次呈现的壁画为接续甬道的护乌桓校尉幕府门至进入幕府的画面。

南壁右侧绘有墓主人任西河长史和上郡属国都尉时的仓廪。图分三层。上层一座高堂，堂上坐着官吏，堂下有侍从、建鼓，左旁榜题“上郡属国都尉西河长史吏兵马皆食大仓”；中层为一宽大房屋，阶上五吏并坐，阶下三人跪禀；下层是三座并排的房屋，左起第一屋榜题“金曹”，第二屋榜题“辞曹”，第三屋未见榜题。金曹为管理金银财物之官，辞曹为管理词讼之官，都是长史或属国都尉的属官。

西壁下方、甬道门两边各画有一座高大的重檐仓楼，楼前有仓曹吏卒、谷堆等，左边榜题“繁阳吏人马皆食大仓”，右边榜题“护乌桓校尉莫府谷仓”。壁画中这类“食大仓”的榜题还有数处，即该任职及所属吏兵马皆由朝廷的“大仓”供给俸禄粮饷，表明了这些政治

“上郡属国都尉西河长史吏兵马皆食大仓”图

“繁阳吏人马皆食大仓”图

“护乌桓校尉莫府谷仓”图

设施与中央政权密切而直接的关系，同时也是标榜墓主人的身份。永建四年（129），东汉王朝接受虞诩的献策，恢复安定、北地、上郡归旧土，令储备粮食以备战时所需。壁画中描绘墓主人主要任职的画面大多绘有谷仓，且有不少农耕和运粮的场面，这应与当时中央政权在这一带采取的积粮备战措施有关。

东、南两壁转角处下方，绘“兵弩库”及“莫府东门”。幕府廊檐下两扇府门绘有青龙、白虎，门两旁竖建鼓，武士执戟守卫。几道平行的粗大线条表示府门的台阶，有人正匍匐在阶沿上等候参见。下

“兵弩库”图

“莫府东门”图

方绘“右贼曹”“左贼曹”等三所属曹府舍。转到南壁，一座与幕府东门相对称的大型府舍，榜题“功曹”，下方亦有三所属曹府舍，分别为“尉曹”“右仓曹”“左仓曹”。此图上方，南壁有一单檐三间府舍，榜题“金曹”“阁曹”“塞曹”。东壁相对称的建筑榜题“兵弩库”。《后汉书·百官志》载：“辞曹主辞讼事。法曹主邮驿科程事。尉曹主卒徒转运事。贼曹主盗贼事。决曹主罪法事。兵曹主兵事。金曹主货币、盐、铁事。仓曹主仓谷事。黄阁主簿录省众事。”画中的阁曹应与黄阁的职司相近。塞曹见于《居延汉简》和《曹全碑》，可能是主障、塞之事。

东、北壁转角处绘幕府大廊及各级官曹的侍卫，其守卫森严，有众多的髡头赭衣人正络绎不绝地低首俯身进入幕府。北壁左下方绘拜谒、百戏图，上面画墓主人趺坐于屏风前，其下有人跪拜，两旁有坐、立的文武官员。之下是宴飨宾客的乐舞百戏图，穿插了幕府的活动，情节真实而生动。用乐舞百戏宴飨宾客的习俗由来已久，东汉张衡的《西京赋》曾对当时乐舞百戏的精彩表演有出色的描写。曹植的《箜篌引》也可以印证：“中厨办丰膳，烹羊宰肥牛。秦筝何慷慨，齐瑟和且柔。阳阿奏奇舞，京洛出名讴。乐饮过三爵，缓带倾庶羞。主称千年寿，宾奉万年酬。”

3. 顶部。顶部大部分已脱落。北壁绘麒麟及“雨师驾三□”，后一字不清，似为“虬”或“蛇”字，画面漫漶不清。南壁绘凶猛的朱雀、凤凰及人骑白象图。左边画朱雀，榜题“朱爵”，侧身而立，作昂首展翅欲飞的姿态。羽毛为红色，尾羽张开，周围有红黑色的云气缭绕，并有红色的圆形星点满布于云气间，表示光明。在其右边为凤凰，榜题：“凤皇□九□”。凤凰挺胸昂首而立，怒目雄视，冠羽蓬冲，凤爪刚劲锐利，一爪前举，另一爪着地而立，红色羽尾展开，周围缭绕着青、黑、

幕府大廊

拜谒、百戏图

凤鸟、人骑白象、朱雀图

红等彩色云气，云气间有许多小鸟围绕着凤凰飞翔，似为百鸟朝凤的图景。凤凰的右边画一白象，面向左方，象鼻微微向上卷曲，体态硕壮，安详而立。象背上坐一人，着红衣。象脚下有红黑等色彩云飘浮，榜题：

“□□骑白□”，字迹不清，似为“仙人骑白象”，此画面较为罕见。

中室

中室大体可分为两类题材：一类为表现墓主人官宦经历的历任官府图和宁城幕府府内生活图，历任官府图从南壁右侧逆时针绘至东壁左侧，之后为幕府内生活图；另一类是历史人物故事及祥瑞图，主要绘于南、北、西壁前者之上。

中室南壁右侧绘有离石城府舍图，城市建筑画得十分简率，四周为一层城垣雉堞，无子城，有少数府舍和房屋，榜题“西河长史所治离石城府舍”，城左边有城门，内有皂吏。西河郡原治平定，永和五年（140），内附的南匈奴左部句龙王吾斯、车纽等反叛，骚扰并、凉、幽、冀四州，郡治迁至离石城。汉代离石城即今山西省吕梁市离石区。

离石城府舍图

在其上方绘有土军城府舍图，绘出三面城垣，外有树木、河流环护，城内长廊列舍，主要房屋建筑在高台之上，榜题“行属国都尉时所治土军城府舍”。上郡属国都尉的治所原在龟兹（今陕西榆林市西北），后来徙治土军。土军城，原系西汉西河郡属的县。

接着南壁左下方绘有繁阳令的治所府舍图，城垣以内设有子

“行属国都尉时所治土军城府舍”图

城，子城两面都利用了大城的城墙，成“Ⅲ”字形，与呼和浩特东郊二十家子汉城的内外城平面结构十分相似，榜题“繁阳县令官寺”。

前室通中室的甬道南壁有榜题“繁阳令被玺书时”的画幅，绘墓主人任繁阳县令时处理县政的情景，其前和两侧，排列着众多的官员吏卒，说明墓主人在

“繁阳县令官寺”图

“繁阳令被玺书时”图

繁阳县令任上曾受到皇帝的褒奖。或许正是这个缘故，繁阳令之后，墓主人被超迁为护乌桓校尉。

中室东壁甬道券门上方，描绘了墓主人由繁阳县赴宁城就任护乌桓校尉时途经居庸关的情景。居庸关被画成平顶八字形的桥梁形式，榜题“居庸关”；逝者的车骑从桥上经过，上方榜题“使君从繁阳迁度关时”。主车之后，还跟随着长长的队伍，一直延展到南壁上，榜题有“使□□从骑”“夫人軿车从骑”等。居庸关是县与县之间的关隘，位于上谷郡治沮阳城东南60里，坐落在山谷溪水之上。壁画中的居庸关，桥下有水可行舟，生动地反映了当时关内外行旅交通的情况，今日居庸关尚有水门的遗存。

“使君从繁阳迁度关时”图　中室东壁

中室甬道北壁绘宁城前卫图，南门外竖一建鼓，两旁棨戟林立，全副武装的甲士夹道列队，许多身着赭色胡服的少数部族人物，在两列武官的陪同下，伏拜行礼，徐徐而入。汉代壁画和画像石上很少看到北方少数部族形象，而在和林格尔新店子壁画墓中绘制有大量赭衣、髡头、俯首称臣状的献降场面。那些列队谒见护乌桓校尉的少数部族人物，赭色胡服，不戴冠帽。东汉时应劭《风俗通义》载鲜卑人“皆髡头而衣赭”，可见和鲜卑同俗的乌桓人亦是髡头并着赭色胡服的，这已为和林格尔壁画所证实。这两个部族起源于蒙古草原的东南部和东北部，由于长时期同长城内外的汉人频繁接触，很早就受到了汉族经济文化的影响。在两汉的400多年间，北匈奴西遁，南匈奴降汉，

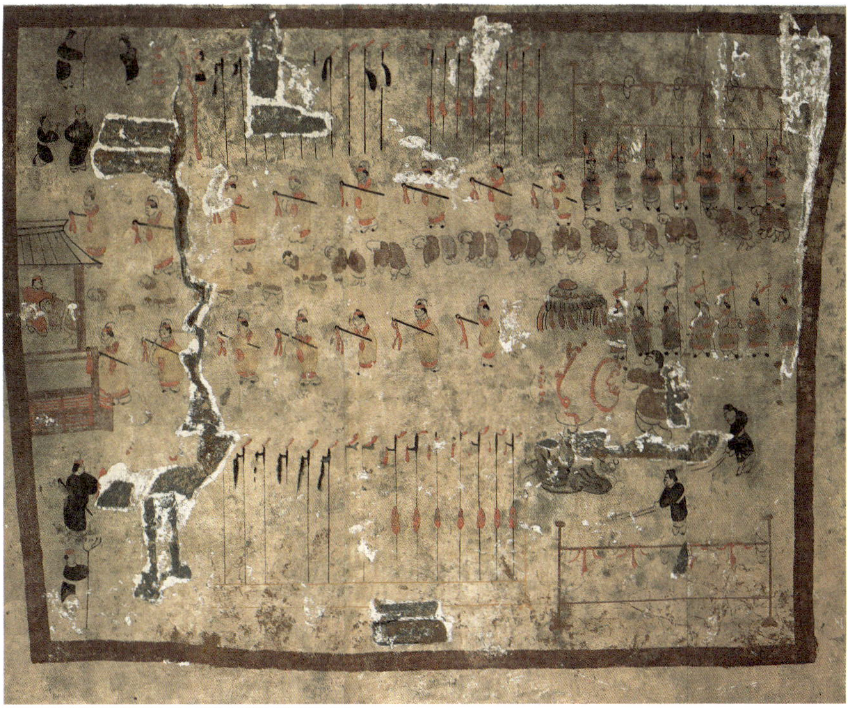

宁城前卫图　前室至中室甬道北壁

乌桓和鲜卑不断向中原迁徙，上谷等郡早已是汉人和匈奴、乌桓、鲜卑等族错居杂处的地区。这些北方少数部族，特别是乌桓，不久就和汉族融合成一体了。

和林格尔汉墓壁画描绘了东汉政权在上谷、西河等郡县的设官守备情况，其中使持节护乌桓校尉的出行、燕居、执事及迎迓等图中，还特别反复画出饰有三重旄的赤节。它是直接奉皇帝之命行使职权的标志。“在封建国家中，皇帝有至高无上的权力，在各地方分设官职以掌兵、刑、钱、谷等事。”那些赤节，无疑就是国家最高皇权在北方地区存在的象征。乌桓校尉府设在宁城之内，此处地势险要，又为南北交通的咽喉，该设置就是为了统治散居于那里的乌桓、鲜卑等部落，负责掌管这些民族部落的安抚、赏赐、季节性互市贸易等。护乌桓校尉、属国都尉和西河长史，这些政治设施有利于加强多民族国家的统一，客观上符合当时我国北方各族人民的利益。

从前中室甬道北壁的宁城前卫图转接至中室东壁下方，绘有宁城护乌桓校尉幕府图，画面中有城垣、城门、街市和衙署。城垣宽厚，设有“宁城东门”“宁城南门”“西门”，门有门楼。宁县寺在城东，规模很小，门亭榜题“宁县寺门”，门内房舍榜题“吏舍”。城东南角有四周墙垣围抱的市场，榜题“宁市中”。占据城图绝大部分面积的是护乌桓校尉幕府。

整个幕府建筑用墙垣廊庑大致可划分为幕府堂院、营舍和庖舍三部分。幕府堂院是主要部分。幕府南有一座三间单檐的大门，上有子母双阙，榜题“莫府南门”。由南门进入庭院，门侧设建鼓。这些建鼓是为了召集军卒或发布诏书，驿传军令时鸣击用的。庭院东、北两面的房舍里坐着宾客，大概就是客馆或东阁。图中的少数部族人物，行经庭院重门，进入内部宽阔的堂院。堂屋是一座高大的庑殿式房屋，

宁城护乌桓校尉幕府图　中室东壁

帷幔高悬，墓主人端坐堂上。堂下，乐舞杂技者在院内表演，官吏引导着少数部族人物行伏拜礼，周围环立着甲士吏属，场面既喧阗又隆盛。堂屋北侧有抱厦一间，里面坐着红衣高髻妇人，当是墓主人之妻，表示是校尉家室起居之所。堂屋后面有一列廊舍，榜题“齐室”，当即“斋室”，是官吏斋戒修省的地方。廊舍尽头有一门亭，榜题“东府门”。

营舍在幕府堂院的后面，为幕府中管理军务的机构所在。南面有一单层门亭，榜题“营门”，是营舍的大门。门内有空场，西边经“东府门”通幕府堂院。北面有两座官寺建筑，榜题分别为“营曹”和“司马舍”，均系官吏治事之处。最北有一座高大的楼阁建筑，下层榜题“仓”，

历史人物及燕居图　中室西、北壁

是储存粮秣的仓房。仓房转折向西，榜题“库”，是贮藏兵器或资财的库房。营舍堂院之间，还有三座楼观建筑，其间以朱栏相连。

庖舍位于幕府的西南隅，院门榜题“共官门”，院内行厨炊之事，院西的房舍为马厩。

由于是墓主人最值得炫耀的经历，宁城护乌桓校尉幕府图中各部分的内容，还分散在墓壁各处重复出现，带有局部特写图的性质，有些还利用了墓室本身建筑结构上的效果，加深了观者印象。

中室西、北两壁上显眼的位置，描绘墓主人夫妇养尊处优的“燕居”，图中有众多的奴仆侍立以供使役。两名女婢立在夫人身后，持镜伺候梳妆。

燕居图之上所描绘的即为历史人物图。中室除东壁外，其余三面上壁都绘有圣贤、忠臣、孝子、勇士、烈女、贤妻等历史人物和故事，

共 80 多则。南壁绘有“晏子”二桃杀三士、“五（伍）子胥”逃国、勇士“孟贲”、“王庆忌”、“要离”，以及“鲁漆室女”、“鲁义姑姊”、“……夫人”等题材。这类壁画取材于历史人物和故事，是我国春秋战国时期以来的传统。东汉的封建统治者为了强化地主阶级的精神统治，对这些故事和传说加以改造和整理，使它们适合于封建的政治、道德教育。于是，许多历史故事被纳入了儒家经学的体系，变成宣扬“三纲五常”的刻板说教。东汉明帝时，曾令班固、贾逵等人汇集、整理经史故事，交由尚方署的画师绘成图画。这样的图画大概就成了官方审定的范本，供民间画工广为描摹。

故事画中的一幅，画有楼阁式的建筑，榜题“甘泉”宫，内中人像为“休屠胡”。休屠胡即匈奴休屠王的太子金日磾，因深受母亲汉族封建思想的家教，归汉后恪守“纲常名教”，得到西汉统治者的推崇，

历史人物及故事图　中室南壁

孔丘向老聃问礼图　中室西壁上部

其事迹被广为宣扬。这说明汉族统治阶级的社会意识形态对国内各少数部族的影响是很深的。在少数部族居住的地区绘制“休屠胡”一类故事画，应当在民族关系上是有所考虑的。

西壁上部绘孔丘向老聃问礼，图像三人，榜题为“老子”“项橐”“孔子”，其后为手捧竹简的孔门弟子计28人。居前列的都有榜题，依次是：“颜渊”“子张”“子贡”“子路”“子游”“子夏”“闵子骞”“曾子”“冉有”“仲弓”“曾点”“公孙龙”“冉伯牛”“宰我”。东汉中晚期，孔丘及其弟子，在各地出土的石刻画像中大量出现，但像这样同时画出这么多的弟子像，虽然见于记载，实物却还是初次发现，这是东汉末年封建统治阶级尊孔热潮的反映。

此外，中室西壁甬道门上方有一幅画，画一座桥梁，桥下行船，

榜题“渭水桥”；桥上车马驰过，中间主车榜题“长安令”，周围数骑，上方榜题“七女为父报仇”。从壁画内容看，像是有关孝女的历史故事，按其位置，似乎与护乌桓校尉的任职也不无关联。

从西壁右下方延伸到北壁，还专门画了一组祥瑞图，榜题有49项，榜题或图像能辨识的为“青龙”“麒麟”“灵龟”“木蓂荚”“神鼎”“醴泉”“三足乌”“一角敖”“白狼”“白鹤”“比翼鸟”“木连理”“九尾狐”“白兔”“三角□”“赤爵”“白象”“比肩兽”“玉圭”“玉马”“白马”“□马”“甘露”“浪井”“明珠”“白狐”“金□”“银□”“□曲”“□乌”“姜元”。祥瑞图下方为庖厨图。在墓室的顶部则有祥云缭绕，使整个墓室充满神秘主义的宗教神学气氛。

在北壁燕居图的右上方绘有横舍（学校），幛幔下一名着黑衣的

祥瑞、宴饮、庖厨图

“渭水桥”“长安令”“七女为父报仇”图

“使君少授诸先时舍”图

经师坐在舍内的方榻上，榜题“使君少授诸先时舍”；左右有听经的学生，舍外还有门徒成群，面向学舍恭立，表示“弟子弥众”。榜题中的“使君”大概指墓主本人。用这样的画面装饰墓葬，表明墓主人一家对儒家教育制度的推崇。学校教育在东汉庄园经济中是一项被看重的事情，《四民月令》里多处载有安排孩童入学的事项。世族豪强在那里直接培植大批的弟子、门生，从而扩充自己的政治势力。

北壁横舍图的下方绘有乐舞百戏图，画面中央置一建鼓，两边各一人执桴擂击，左边有乐队伴奏。杂技表演有：弄丸，表演者同时飞掷着 5 个弹丸；飞剑，表演者跳跃着，把剑抛起在空中；舞轮，表演者立在踏鼓上，也将巨大的车轮抛起来耍；倒提，有数人表演，其中一人在四重叠案上打起倒立。橦技是最惊险的节目，一人仰卧地上，

乐舞百戏图

手擎橦木，橦头安横木，中间骑一人，横木两端各一人，作反弓倒挂状，即所谓“跟挂倒投”的动作。图的上部，一男子与一执飘带的女子翩跹对舞。表演者都是赤膊、束髻，肩臂绕红带，舞姿优美，矫健灵巧。这幅乐舞百戏图，反映了汉代杂技艺术的高度和水准。

后室

中室通往后室的甬道南壁，绘有着红衣、戴黑冠的门大夫，佩剑、执笏。有黑衣鼓吏，举桴击鼓，榜题“鼓吏”及“守中□吏”。女婢六人，各捧物品向中室走去。右壁与左壁基本相同。

进入后室，壁画大部漫漶不清。后室壁画主要表现了庄园生产和家居生活等场景。该主题场景为：满绘于南壁的庄园生产活动图，西壁绘有墓主人夫妇画像的“卧帐”图，北壁左侧绘有“立官桂树”，中部偏右绘有武成城图，顶部绘有四神图。

建鼓、鼓吏图

庄园图中，山峦环抱，疏林掩映。画面中部有廊舍、坞壁和厩棚、栏圈，畜养着马、牛、羊、猪、鸡等家禽家畜，近旁有园圃和车库，另有农耕、采桑、沤麻等分工协作的劳动场面，画面布局合理、疏密有致，空间深远、气势壮阔，营造出一幅广阔而生动的庄园生活场景。在院落右面远处的山林间是农夫赶着牛、扶着犁的耕地画面，上方有一排圆形的粮囤，下面则是运粮的牛车。大田耕作之外，院落栏圈旁还描绘了精耕细作的园圃，有手持锄、镢的农人在园圃里劳动，园圃四周筑墙，以防家畜侵害。庄园图中的院落连接着马厩和牛、猪、羊圈，圈栏彼此隔开，圈养着大大小小的牲畜，圈栏之外的空地上鸡鸭成群。

东汉一代，地主庄园经济空前发展，豪强地主占有大量土地，利

庄园图　后室南壁

用田庄发展农、林、牧、渔各业及手工业，具有极强的自给自足性质。农业在东汉时期的庄园经济中居于首要地位，农业技术的进步主要体现在牛耕的进一步推广与改善。我们从上述壁画可以得知，到了东汉晚期，这种较为先进的“二牛抬杠”式耕作法和代田法已经广泛地应用于长城以北辽阔的草原地带。

庄园中院落左边画面为桑麻手工业场景。在庄园图的廊舍西面环绕着成片的桑树林，树下四女子手持绳索、桑网等工具从事采桑劳动，旁置蚕架、蚕簇类工具。该画面正是《汉书·食货志》中描写的“还庐树桑”的情景再现，表明庄园中有完备的桑蚕业生产活动。往南有三个方形的池子，里面堆着麻，有人正在池畔进行着沤麻操作，旁边有放置空车的车棚。我国种植桑、麻等经济作物，历史十分悠久。据文献记载，2 世纪中叶，崔寔任五原太守时曾教授当地百姓种植麻并制作纺织机具进行生产，中原地区的桑麻之业很可能就在那时传到了这里。

同劳动生产场面相对照，壁画也较全面地表现了豪强地主奢靡的生活。我们已经看到墓主人耀武扬威的出行，声势煊赫的幕府堂院、庞大的庄园、丰实的仓廪，再来看看墓主人家居生活的若干细节。西壁绘有穹隆顶的帐幕，榜题“卧帐”。帐内，墓主人夫妇端坐着，有奴仆四人伺候，帐下堆放着钱财宝物。帐前摆着四堆黄金，榜题“金”字，以示墓主人生前是堆金积玉的富室豪家。帐门画着少妇欠身入帐，侍婢捧盘进食的情景。帐外有跪坐的女倡数人，榜题“诸倡”，其前杂陈着食具。

北壁左侧棺台之前，画了一棵枝叶茂盛的桂树，榜题“立官桂树”，可能是表示把棺台放在了“贵地”，古代“立”“位”相通，“官”“宫”

“卧帐”图

相通，“立官”或许就是“位官”，“立官桂树”也可能是表示古代设社祭祀土地神，立树为位。

北壁右侧的武成城图中，榜题标明有“武成寺门”“武成长舍”“尉舍”“长史舍”“长史官门”，里面又设“堂”“内”“灶”“井”等。这些场所大概是墓主人晚年在武成长史舍内的生活环境。堂是接待宾客之处，内是寝室。还有鸳鸯和鹤在院中徜徉。汉乐府诗《相逢狭路间行》中唱道：“黄金为君门，白玉为君堂。堂上置樽酒，作使邯郸倡。中庭生桂树，华灯何煌煌。……入门时左顾，但见双鸳鸯。鸳鸯七十二，罗列自成行。音声何雍雍，鹤鸣东西厢。”大概就是这样的情景吧！

“立官桂树”图

武成城图

三个耳室

1. 前室南、北耳室。在前室的南、北耳室绘有大幅的牧马、牧牛、牧羊图和农耕图，还有碓舂图、观渔图等，后室庄园图里的部分场景作为“特写”在这两个耳室壁面上分别得到了更具体而详尽的描绘。中室南耳室壁画主要表现室内劳动，有庖厨图和酿造图，另有鸡栖图。

前室南耳室西壁满绘有牧马图，壁画保存较好，画面较为清晰。画面上部前后分别绘有导骑和从骑，其间为两乘。前乘为白盖、黑色轺车，驾一赭红色剪鬃马，乘者着淡赭色上衣，御者戴黑帻，着淡赭色衣，左手执辔，坐于式旁。其后是一黑色辎车，白色垂幢，驾一赭红色剪鬃马，白髫，乘者坐于帷内，御者着白衣。驾马均昂首扬蹄，御者神态自如。下部绘一骑者，着白衣裤，黑领，戴黑帻。牧者前方绘有六匹矫健的披鬃骏马，皆竖耳、扬头、挺胸而立。另有鹅黄色小

牧马图

马驹三匹，寥寥几笔，不仅勾画出了马驹天真活泼的性格，也表露了马驹顽皮撒野的生动神情。这幅牧马图所画车马，构图严谨，色彩浑厚和谐；人马形象形神兼备，栩栩如生。这幅牧马图绘制的群马与马匹的“特写”，在汉代墓葬壁画中很罕见，类似的牧马题材图像在东汉之后西北地区的魏晋墓葬中也有出现，但单论对马匹灵动本真的刻画都不及和林格尔东汉墓壁画。

与牧马图相对的壁面上绘有牧牛图。牧牛图与牧马图画面结构雷同，牛群同样是导骑和从骑等专人看守，间有两乘驰骋的车马，牧群整齐列队，小牛仔跟随于队列外；从甬道看，牧群的去向也相同。牛群的特写为五只牛斜向列队，虽然刻画不及马生动，但面部都表现得神态自若，各有灵性。

此外，前室南耳室甬道西壁绘有观渔图，图正中一座水阁，三人

牧牛图

观渔图

牧羊图

凭栏观赏，水中有两渔夫在网鱼。宁城图南门外也有类似的捕鱼情景。

北耳室东壁满绘牧羊图，图中有坞壁，坞壁内有粮仓，周围有一乘轺车和有数十只羊的羊群，羊群后方有两个牧人在驱赶。为了防备豺狼，羊群之中还有三只牧羊犬看护。羊群中有小羊吃奶的画面，简约流畅的线条把绵羊和山羊刻画得活灵活现。这几幅壁画为《后汉书·西羌传》中“牛马衔尾，群羊塞道”作了很好的图解。塞外草原地区本来就是“水草丰美，土宜产牧”。畜牧业发达，历来是这里的经济特色。

在北耳室的西壁满绘农耕、丰收图，亦是“二牛抬杠”的耕作方式。画工还在耕地上画了几条平行线，表示翻起的碎土成行、谷物的种植有垄有沟，这是采用了赵过的代田法，已非原始的缦田了。与后室庄园图相似，均绘有辛勤耕种的农夫和耕牛、堆积的粮谷、运粮的牛车、存贮的粮囤，并有斗、斛一类的量具。

在北壁还绘有碓舂图，杵杆下，二人在臼边紧张地劳作。碓舂是

农耕、丰收图　前室北耳室

碓舂图

利用杠杆原理制造的粮食加工器械，包头市郊麻池古城遗址和巴彦淖尔市乌拉特前旗公庙子汉墓中都出土过类似的碓舂模型，看来这种粮食加工器械也已推广到了这里。这样，从农田里耕种、收获，到运送回院落前进行处理加工，整个农作物生产和加工过程就得以完整地展现。

在进入前室北耳室的甬道两壁绘有宁城幕府内庖舍图，榜题“共官掾史”。“共官”即“供官”，这个“掾史”同椎牛剥羊及炊饪活

庖舍图　北耳室甬道左、右壁

动画在一起，说明图中正是为护乌桓校尉管理膳食的官吏。

2. 中室南耳室。在中室南耳室的东、西壁满绘厨炊图，三个耳室壁上画着这么多的男女奴婢，忙于汲水、洗涤、酿造、宰羊、击牛、烹饪；厨房里悬挂着鱼、鸡、雉、兔、兽头、动物内脏等，摆满了釜、镬、盆、钵、瓮、食案、列鼎、盘、碗、勺及盛放耳杯的架子等；“厨房外”于南壁绘有饲养鸡、鸭、鹅等的禽舍；在甬道西壁绘有两株果树，下有围栏，有鸦雀穿梭、栖息其间；在甬道东壁绘男仆五人，匆忙地

厨炊图　中室南耳室东壁

厨炊图 中室南耳室西壁

禽舍图

走出厨房为主人进奉酒食，乐舞百戏伴着主人宴饮。

和林格尔新店子壁画墓坐落于黄河“几”字弯东北角的土默川平原。这里东傍蛮汉山，北越阴山，与广袤的欧亚大陆草原比邻，以西为黄河冲积的河套平原，西南隔黄河与鄂尔多斯高原接壤，南扼杀虎口通衢，自古以来就是兵家必争的战略要地，地理位置十分重要。

千百年来，绵延万里、奔流不息的黄河，哺育着中华儿女，孕育了博大精深、源远流长的中华文明。从上游进入中游，黄河在内蒙古中南部如弓般拉出一个全长 830 多千米的“几”字弯，徜徉于历史的滚滚长河，这里既刻印着东西方文化的碰撞，又流传着多民族交往交流交融的佳话，是华夏农耕文明的沃土、中国早期畜牧文明的摇篮和北方马背民族纵横驰骋的辽阔舞台，为瑰丽多彩的中华文明输送着源

果树鸦雀图

五奴仆图

源不断的新鲜血液，提供着丰厚的文化滋养。和林格尔新店子汉墓壁画就是黄河“几”字弯区域历史文化遗产中最耀眼的一处，是黄河灿烂文化的重要呈现方式，是深入研究黄河文化的鲜活样板。

墓室壁画是兼有历史文物和绘画艺术品双重属性的文化遗存，其价值多元，不言而喻。和林格尔新店子汉墓壁画构图严谨、层次分明，在绘画技法方面，造型生动、用笔洗练，色彩厚重和谐。放牧等庄园生业经济场景以及少数民族形象在其他地区汉墓壁画中罕见，且带有鲜明的地域文化特色，诠释了汉代北方边疆独特的审美意识，也成就了这里文化多元、共融共生的人文特色。

深入研究和林格尔新店子汉墓壁画，阐释其深厚的文化艺术内涵，是保护、传承和弘扬黄河文化的重要抓手。深入全面地挖掘该汉墓壁画的历史文化内涵，对于进一步研究蒙古高原游牧文明与农耕文明的互动关系、东西文化的交流等课题具有重要的学术意义。

内蒙古博物院
郑淑敏、陈永志

参考资料：

1. 内蒙古文物工作队、内蒙古博物馆：《和林格尔发现一座重要的东汉壁画墓》，《文物》1974 年第 1 期。

2. 内蒙古自治区文物考古研究所编：《和林格尔汉墓壁画》，文物出版社 2007 年版。

3. 陈永志、黑田彰主编：《和林格尔汉墓壁画孝子传图辑录》，文物出版社 2009 年版。

4.〔宋〕范晔：《后汉书》，中华书局 1965 年版。

陕西

驼铃悠悠　丝路绵延

——唐代三彩载乐骆驼俑

陕西，简称“陕”，地处黄河中游，土地肥沃，物产丰富，古人很早就在此繁衍生息。渭河是黄河最大的支流，黄河最为眷顾泾渭农区，在一个“几”字形的大屏障里，精心呵护一个渭河盆地。于是便有了八百里秦川的富庶丰饶，有了周秦汉唐的绝代风华。它聆听了西周礼乐的典雅，亲历了大秦的一统，见证了大汉的恢宏气势，承载了隋唐盛世的雄壮，形成了以礼和规矩为核心的文化价值观。

西安唐墓出土的三彩载乐骆驼俑，色彩斑斓、造型生动，人物表情丰富、姿态各异、身份突出、个性鲜明，充满异域风情，是国内表现中外文化交流互鉴题材的众多文物藏品中的佼佼者，成为人们解读唐代丝绸之路繁荣活跃的重要文物资料。

驼铃悠悠　丝路绵延

——唐代三彩载乐骆驼俑

三彩载乐骆驼俑，由一组10件构成，即：三彩牵驼胡人俑、三彩骆驼俑、乐师歌伎（7位乐师、1位歌伎）。骆驼头部左前方站立着一位牵驼俑，该俑高29厘米，头戴幞头，身着翻领胡服，虽然其形象与常见的高鼻深目、络腮胡须的胡人有所区别，但身着翻领胡服还是表明了其族别身份，与驮载乐伎的骆驼属于一个完整的组合。骆驼高48.5厘米，长41厘米，作引颈嘶鸣状。驼背放置驮架为一个平台，台面铺方格纹毛毯；驼背上的乐俑均为男性，共有7人，均高约11.5厘米，7位男乐师均头戴幞头，身穿圆领袍服或胡服，背向围坐，手持笙、箫、琵琶、箜篌、笛、拍板、排箫奏乐，神情专注、姿态各异；乐师围成的圈中站立一位女俑，左手掩于袖中抬至胸前，右手后摆，微微扬首，作歌舞状。中间站立的女伎应是一位随着音乐歌唱的歌伎而非舞伎。从乐师手持的乐器和乐师的人数规模看，属于胡汉混杂的音乐风格，应属于唐代宫廷之外，在坊肆民间活动的小型乐舞团队。

三彩载乐骆驼俑属于一级文物，是陕西历史博物馆馆藏文物中18件（组）国宝级文物之一，2013年，被国家文物局列入《第三批禁止

三彩载乐骆驼俑　唐代　1959 年出土于西安中堡村唐墓

中堡村唐墓出土的牵驼胡人俑放大图

出境展览文物目录》。

三彩载乐骆驼俑的发现

西安地区1952年至1959年间大规模开展工业化基础设施建设，主要项目工地集中在古城西安的东部、西部和南部。作为十三朝古都的西安，城区内外地上、地下文物遗存密度极大，国家基本建设热潮之中不断被发现的古代墓葬及文物等让人目不暇接。由于尚处在新中国考古调查和发掘工作的起步阶段，人力物力缺乏，知识技术能力不足，不断涌现的考古发现让当时肩负陕西暨西安地区文物遗产保护发掘的西北工程地区文物清理工作队暨之后的陕西省文物管理委员会文物工作者既激动不已，又举步维艰。据统计，1952年至1959年，西安地区共清理发掘遗址和墓葬3055处，其中墓葬有2952处。1955年2月，西北工程地区文物清理工作队并入陕西省文管会，出土文物由陕西省博物馆（现西安碑林博物馆）保管，这一时期大部分考古发掘相关文字、墓葬形制线图、照片、拓片资料等则保存在陕西省文管会（今陕西省文物保护研究院）。1991年陕西历史博物馆开馆，除墓志碑石类等文物外，其他大部分文物都移交陕西历史博物馆，1959年于西安西郊中堡村唐墓出土的三彩载乐骆驼俑等文物亦在其中。

60多年前发表的《西安西郊中堡村唐墓清理简报》对三彩载乐骆驼俑的出土有这样的记述：1959年6月下旬，西安西郊中堡村发现一座唐墓。唐墓墓顶已被挖去了一部分，但墓室的大部分器物保存比较完整。墓室残存两壁高80厘米，墓中部分器物因受淤泥的冲动而改变了原来位置。镇墓兽和天王俑对称放在墓室门内，墓室的南部放着一对马俑和一对骆驼俑，牵马和牵驼人俑各站立在前。而在此前的1957

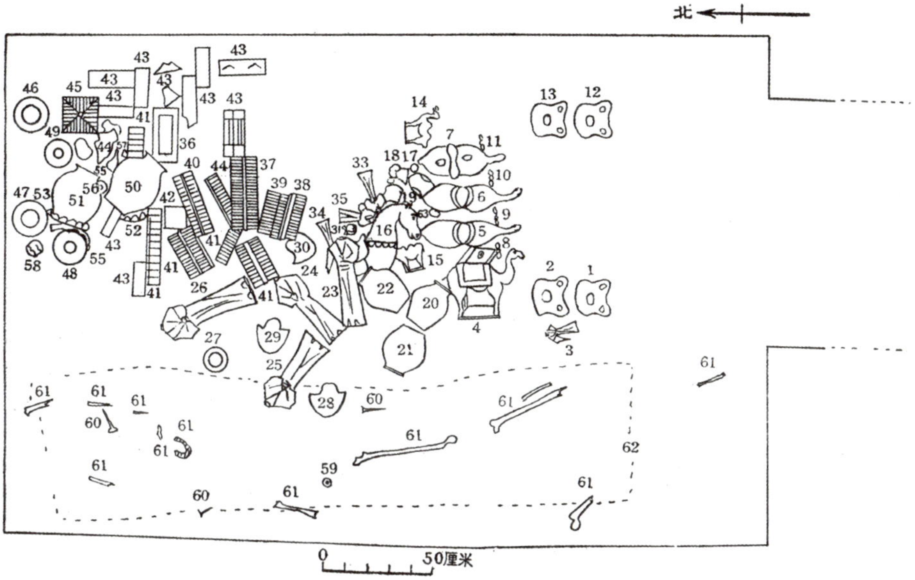

中堡村唐墓平面图

年 2 月，考古人员在西安西郊南何村的唐代鲜于庭诲墓中曾经出土了一件骆驼背上载有 5 人的三彩载乐骆驼俑，这是西安郊区唐代墓葬中首次发现三彩载乐骆驼俑，所以受到各方面专家的极大关注，出土后不久即被征调到北京供研究，之后则入藏中国历史博物馆（现中国国家博物馆）并成为常设展览的重要展品。时隔两年，同样是在西安西郊，中堡村墓葬再一次出土载乐骆驼俑类文物，且造型和工艺水平逾前者，故而在 20 世纪 60 年代之后，这件三彩载乐骆驼俑便成为可与鲜于庭诲墓出土的三彩载乐骆驼俑相媲美的明星文物。近年来由于丝绸之路研究升温，备受赞誉和关注的中堡村出土的载乐骆驼俑和其他多件陶俑随着对外文物交流展览不断走出馆门、国门，给中外观众带去了许多穿越时空、回味大唐盛世的想象空间，并且展现了古代中外文化交

西安鲜于庭诲墓出土三彩载乐骆驼俑

流历史长河中的美好画面。

在中堡村唐墓中与这组载乐骆驼俑一起出土的陶俑亦十分精美，如三彩胡人牵马俑、三彩仰头女立俑均因独特的造型、生动的表情、准确的刻画而备受观众青睐。三彩胡人牵马俑的牵马者为胡人形象，阔鼻大嘴，头发中分，绾髻双耳后侧，面目剽悍，身穿窄袖袍，右臂卷袖，蓝色半袖短褂左穿右袒，腰系蹀躞带，带上挂着洗马用的梳、刮工具，双手握拳，作用力牵拽状。其身后的三彩马与常见的通体施釉的三彩马不同，马种优良，红鬃白身，只挂一层白色化妆土，鞍鞯俱全，鞧带等饰件有绿色杏叶装饰，作勾首后退不愿前进姿态，与似乎用力牵马的胡人形成较劲的场景，是唐代此类陶俑中鲜活生动表现胡人驭马情景的佼佼者。

中堡村唐墓出土三彩胡人牵马俑

中堡村唐墓出土三彩拱手仰头女立俑

几件三彩女立俑则是迄今为止在塑造唐代女性的陶塑俑类中最为精美的艺术品。其中三彩拱手仰头女立俑最为传神。女子面庞圆润，红唇欲启，头梳乌蛮髻，体态丰腴，身穿高腰曳地长裙，双手轻握拱于腹前，头向左上方微微扬起，双目微眯，右肩上的披帛自胸前绕于身后，婀娜的秀美身段增添了些许视觉上的韵律感，微笑的表情和柔和的眼神中充满期许和向往，是对盛唐时期长安闲适美好生活之中女性精神面貌的绝好写照。该俑发髻上绘出的插梳细节，让唐诗中“满头行小梳”的装扮在唐代绘画、壁画、线刻画之外得到了印证。另外，该墓出土的一组三彩庭院建筑，由一座假山、一座八角亭、一座四角亭和八间悬山式顶的房屋组成，是我们了解唐代长安城中官宦贵族在里坊中构建豪宅大院的绝好材料。而中堡村唐墓出土的三彩载乐骆驼俑，带给我们的是一组不同地域、不同民族、不同肤色、不同职业的中外下层人士共同组成的表现丝绸之路中外文化交流的立体雕塑群像。史料和出土文物均证明了唐朝政府和民间普遍雇佣胡人为驭驼人的社会现象，这也可能正

中堡村唐墓出土三彩庭院建筑

韩幹《牧马图》 唐代 台北“故宫博物院”藏

是唐代存在的某种社会自然分工。汉代便已存在官方驯养骆驼的制度，到唐代则发展为将关内、陇右两道作为驼、马、羊的主要养殖区，唐政府牧监规定每个驼群为七十头，设一个牧长或牧尉，而传世的唐代《牧马图》和出土陶俑中最常见的奚官、驭驼人、驯马人的形象多为中亚和西域地区的“胡人”。杜甫《寓目》诗云：“一县葡萄熟，秋山苜蓿多；关云常带雨，塞水不成河。羌女轻烽燧，胡儿制骆驼。自伤迟暮眼，丧乱饱经过。”当是对胡人驭驼这一普遍现象的概括。

三彩载乐骆驼俑属于古代陶塑中的釉陶制品，而唐三彩器是唐代手工业发展史中一种新的工艺和产品，是对已经存在了几千年的陶器以及现身不久的瓷器在工艺和品类上的重要补充，是唐代工艺水平发展提高和进步的表现。三彩的问世，使唐代社会日常生活所用的瓷器多了一个竞争的伙伴，但目前所见的三彩器物多为墓葬随葬用品，它的出现为中国古代丧葬文化增添了一道亮丽的色彩，使唐代人在本已丰富的丧葬随葬明器中又多了一种新的选择。

面对三彩载乐骆驼俑，人们的思绪已经开始穿越时空飞向了 1000 多年前长安与西域之间的漫漫丝绸之路，遥想当时行走在这条连接东西方商贸、文化之路上的那些手持旄节或政府文书的使臣、牵驼载货的胡商贩夫、虔诚笃定的宗教信徒，以及旅人、游侠、驼队的形象。他们目的各异、信念执着、艰辛跋涉使一条汉武帝开通于公元前 100 多年、旨在加强与大月氏政治军事联盟的陆上通道，渐渐演化成一条连接东西方、涉及欧亚非几十个国家和地区的商贸通途，并绵延千年。与此相关的中外交往史和留存在此条道路沿途的珍贵文化遗存吸引着世人无尽的遐想和探索。

三彩载乐骆驼俑的时代背景

丝绸之路的开通

中古时期，中国通过西域前往西亚及地中海和欧洲的陆路商道，必须通过茫茫戈壁沙漠和无垠草原。汉武帝时期，从公元前 138 年至公元前 119 年，张骞两次奉命出使西域，旨在联络大月氏夹攻匈奴，他曾到过大宛（今乌兹别克斯坦的费尔干纳盆地）、康居（今哈萨克斯坦）、大月氏、大夏（今阿富汗北部）等地，了解了乌孙、安息（即波斯，今伊朗）、条支（即大食，今伊拉克、叙利亚）、身毒（今印度、巴基斯坦）等地的情况。虽然联络大月氏的政治使命没有完成，却意外开辟了举世闻名的丝绸之路，打开了一扇中国了解西域的窗户。张骞返回长安后，向汉武帝所作的详细见闻报告，被司马迁记述在《史记·大宛列传》中，至今仍是世界上研究上述地区和国家地理和历史方面的最珍贵的资料。迄今为止，这条横亘中国新疆、中亚、西亚，直达地中海的漫长道路，其恶劣的自然环境和生存条件让意欲徒步穿行者充满踌躇，而古代人为了完成政治使命或生活生计不得不艰难跋涉，面对荒漠戈壁、风暴沙尘和烈日干渴带来的难耐苦痛，最终发现借助骆驼才是穿越丝路沿线戈壁沙漠的最佳选择。

有关人与骆驼紧密联系的最新考古发现，当数2019年至2020年在陕西秦始皇陵园西侧的一座“中”字形大型墓葬中先后发现的金、

秦始皇陵园墓葬出土的金、银骆驼

银骆驼俑，由于出土地点位于秦始皇陵园附近而更加引发社会的关注。

目前，西域地区考古发现的早期骆驼材料多集中在新疆的北疆地区。其中，轮台县群巴克二号墓地出土的骆驼骨骼年代最早，亦是中国境内目前所知最早并且能够确认属于驯化骆驼的骨骼材料。群巴克二号墓地为察吾乎文化的代表性遗存之一，有在墓室周围埋葬儿童和马头、牛头、骆驼头或整马整狗的习俗。结合碳十四测年数据和群巴克一号墓地、察吾乎墓地等类似材料，发掘者将察吾乎文化的年代定在公元前950年至公元前600年。南疆地区目前所见最早的骆驼骨骼材料见于于田县的圆沙古城，圆沙遗址的年代约在战国至西汉时期，为《汉书・西域传》记载中的扜弥国所在地。据《汉书・张骞李广利传》记载，约在公元前2世纪，“月氏已为匈奴所破，西击塞王。塞王南走远徙，月氏居其地”。原来居住在伊犁河流域的塞人受到西迁的大月氏的袭扰，被迫向南迁徙，《汉书・西域传》载：“塞种分散，往往为数国。自疏勒以西北，休循、捐毒之属，皆故塞种也。”学者们认为这些塞人中可能有一批人到达了扜弥并定居下来。由此推测，南北之间的这种迁徙和交流在战国时期应该就已经存在，南疆地区发现的骆驼可能正是被这些草原移民带到了塔里木盆地南缘。

汉武帝大力开发西域以后，中原对骆驼的认知更加全面了，汉朝为了经营西域而发动的各项政治、军事行动，为克服严酷的自然环境困难，除马匹之外，需要动用大量的骆驼作为负载运输工具，使得骆驼的使用和养殖规模也自然迅速扩大，并成为汉朝官方养殖的畜种之一。《汉书・百官公卿表》载西汉设有“牧橐令丞”，属太仆寺节制，桓宽在《盐铁论》中称：“骡驴馲驼，衔尾入塞，驒騱騵马，尽为我畜。”表明至晚在西汉昭宣时期，西域逐渐取代了北方草原成为中原骆驼的主要输入地。据孙星衍《汉官旧仪补遗》载，诸侯王、御史大夫以及匈奴单于的官印以橐驼为印纽。在实际考古发现中，汉朝政府对少数民族首领颁赐的印有不少为驼纽官印，私印亦有用驼纽，如新疆新和县玉奇喀特乡出土驼钮铜制“常宜之印”。在我国考古发掘的战国秦汉时期墓葬中，不同材质的骆驼形象虽然有出土，但数量却不多；此次秦始皇陵陵西一号墓出土的金、银骆驼，均为双峰驼造型，栩栩如生。该墓葬时代初步断定为秦统一（前221）之后，骆驼作为随葬品发现在这类高等级大型墓葬中尚属首次。关于新疆及甘肃地区发现的早期骆驼资料与中原地区较晚发现的骆驼资料之间有无直接关系的动物学研究仍在进行。两汉时期中原地区陆路交通的主要代步工具和驮载运输以马、牛为主，之后的魏晋南北朝时期，中原和江南地区政权对峙，北方，特别是西北地区的割据政权与西域的经济文化交往则在此时不断加深，干旱的荒漠戈壁地区的交通运输，马、牛不具备优势，而耐旱、耐热能力极强的骆驼逐渐成了帮助人类长途跋涉、通达异地的主角。

唐代乐舞的构成和乐工舞伎的生存环境

史料典籍和出土文物资料相互印证了唐代近300年间乐舞艺术的辉煌成就，从初唐开始，唐代宫廷就十分重视乐舞机构的建设和管理。唐太宗贞观十一年（637），将沿用的隋炀帝时期形成的《九部乐》中的《文康乐》废除了，到贞观十四年（640），征服西域高昌国后得到的《高昌乐》和乐官张文收创作的《燕乐》被纳入唐代宫廷乐舞序列，最终形成了颇具规模和水平的《十部乐》。至高宗和武则天时期正式设立“坐部伎”和“立部伎”，这在促进大唐宫廷乐舞整体艺术水准上迈进了一大步。《新唐书》载：“太常阅坐部，不可教者隶立部，又不可教者乃习雅乐。”坐部伎艺术家的技艺最高，可以坐在堂上表演，立部伎则次一等，只能在堂下站着表演。这种建立在以技艺高低为坐、立演奏的等级淘汰制度，为庞大的宫廷乐舞艺人搭建了一个提升艺术水平的平台。

历经100多年的积累磨合，唐玄宗在前人奠定的雄厚基础上，开创出一个舞蹈艺术繁花似锦的崭新局面。唐玄宗在推动唐代乐舞艺术发展繁荣方面的创举表现在两个方面：一是完善并创立教坊、梨园组织，二是创设乐舞表演“进点”制度。

除了西安西郊中堡村出土的三彩载乐骆驼俑，唐代以长安、洛阳两京地区为中心，帝陵陪葬墓及其他贵族高官墓葬出土乐舞题材的壁画、线刻画、陶俑的现象很普遍。在西安（长安）有：李寿墓出土的乐舞壁画和石椁乐舞线刻图，郑仁泰墓中出土的乐舞俑，陕西富平县吕村乡朱家道村唐墓出土的乐舞图，西安西郊陕棉十厂唐墓东壁出土的乐舞图，韩休墓出土的乐舞图，李宪墓出土的乐舞壁画，苏思勖墓出土的乐舞图，等等，所表现的都是达官显贵内宅侍奉主人娱乐的内容与贵族家居生活的场景。按照中国古代丧葬文化中“事死如事生”的观念，这些内容都是对唐代达官显贵生前社会生活的真实记录。这些埋葬在京城郊外的高等级墓葬如无特殊情况或变故，墓中的随葬品和壁画等在种类和题材的选择上呈现与墓葬主人的身份和生前喜好应该是一致的。

在唐代，宫廷从事乐舞活动的人员规模庞大，曲目丰富，管理严格，等级分明。社会上官宦及文人雅士多熟悉并喜好乐舞，怀有一技之长者不乏其人，典籍中留有名字的亦有不少。目前，据考古资料表明，官宦们私人拥有的乐舞伎人数规模都不大，组合较为灵活多样，曲目则多来自宫中或社会市井流行的、时尚娱乐性较强的小型乐舞，因此，那些屡屡出土的精美的乐舞题材雕塑和壁画，正是生活在都市的唐代官僚贵族阶层昔日显赫荣华生活的写照。鲜于庭诲墓和中堡村唐墓出土的三彩载乐骆驼俑，造型和风格十分近似，工艺精湛，均应是盛唐时期的作品。

综上所述，唐代乐舞艺术具有广泛的社会基础，在宫廷官府内外，上至皇亲国戚，下至官宦商贾，好乐喜舞已是一种社会风气。与皇家规模庞大、曲目明晰、程式化突出的宫廷乐舞不同，人员不多、节目多样、形式灵活的小型乐舞广受官宦及民众欢迎。唐代的歌伎乐工有专门的“乐户”户籍，日常除受太常教坊州县管辖服役之外，或以技谋生，游走江湖，或依附于达官贵戚门下，助兴主宾筵宴。帝都长安，八方来朝，胡人定居后或入仕、经商，或咸集市井，表演西域乐舞，入籍胡人中或有“乐户”存在。中西交融之风流布宫室里坊，风格变幻频繁，引领时尚，极大丰富了唐代乐舞艺术，同时拓宽了雕塑题材的选择范围。唐代丝绸之路上的入唐和从长安西行的商队中极有可能有乐师舞伎随行。

三彩载乐骆驼俑的文化特征

骆驼载乐造型的合理解读

对西安中堡村唐墓的载乐骆驼俑和鲜于庭诲墓出土的载乐骆驼俑加以比较，二者既有共同点，也有区别。两峰骆驼都为双峰驼，均在背上搭有平台，中堡村出土的骆驼驮载 8 位男女乐伎，鲜于庭诲墓出土的骆驼载有 5 位男乐伎，按照一般一个成年男人的体重 60 公斤计算，前者共重 480 公斤，后者共重 300 公斤。齐东方先生认为，目前在全国发现的汉唐时期的大量载物骆驼俑均塑造为背负驮袋及丝绸等物品，男女胡人骑驼俑（骑单峰和双峰者均有）则多为单人跨骑或横骑，这些造型是对骆驼载人或驮物能力的直观真实写照。所以，我们对出土

西安中堡村唐墓、鲜于庭诲墓出土载乐骆驼俑比对图

文物的观察和解读应建立在科学认知骆驼的生理结构和人类驾驭骆驼等动物的日常生活常识之上，上述两峰骆驼驮载的人数、体重均远远超出了单匹骆驼的最大驮载能力，如若在戈壁沙漠恶劣环境中长途行走，则骆驼的驮负能力应低于上述测算重量。

此外，双峰骆驼背上虽然搭设了平台，但面积有限，乐师坐在驼背平台上没有可倚靠之物，重心不稳，在骆驼行走之中乐伎无法保持身体平衡并正常演奏或歌唱，即使在骆驼静止不动的状态下，多人在驼背上表演，其重量也是骆驼难以承受的。这类三彩载乐骆驼俑造型不符合生活常识，只能是唐代工匠用艺术夸张手法表现唐代丝绸之路中外文化交流和乐舞娱乐的雕塑作品。但是，这种夸张的艺术创作应该源自工匠们在目睹盛唐长安城中来自丝绸之路沿线地区的歌舞艺人表演场景之余，凭借空前的艺术想象力，将胡汉乐舞、胡人乐师、汉人歌伎等艺术元素浓缩并夸张地移植到双峰骆驼背上，最终凝固成了这组唐都长安多民族和睦生活与文化融合共生繁荣的画面。

胡人群体

在唐代长安、洛阳两京寓居的胡人群体，最著名的当数“昭武九姓”。《新唐书》以康、安、曹、石、米、何、火寻、戊地、史为昭武九姓，唐代统称“九姓胡”或单称“胡”，居住在中亚的阿姆河与锡尔河之间的泽拉夫善河地区，有学者认为其中不乏粟特人。目前学术界认为，胡汉交融、胡人文化因素正式进入中原汉文化政治视野始于战国时期赵武灵王“胡服骑射”。他为了抵御北方胡人的侵扰，顶着“易古之道，逆人之心”的舆论压力，断然决定“今吾将胡服骑射以教百姓”。秦汉时期“胡人”一词已多见于典籍，如《汉书·匈奴传》载单于遣使遗汉书云：“南有大汉，北有强胡。胡者，天之骄子也，不为小礼以自烦。”秦汉以后，匈奴、鲜卑、氐、羌、吐蕃、突厥、蒙古、契丹等均被称为“胡”。魏晋南北朝之后，胡人的范畴已扩大到包括新疆及葱岭以西广大地区的一些与中原各个政权有交往的定居或游牧民族。

进入到唐代，开放的对外政策和兼容并蓄的社会氛围使得中外交往规模空前。据学者研究，唐代长安城寓居着大量外国人，最多时有20万人。这种现象从初唐时即已显端倪，据史料记载，唐太宗贞观五年（631），一次入居长安的突厥人有近万家；唐高宗时，跟随波斯王子自长安返国的波斯人一次就有数千人；到中晚唐的德宗时期，中亚胡客有4000人寓居长安已逾40年。各种留寓长安的外国人，因不同层次和职业等居住在长安各个里坊，其中不少人在长安已拥有自己的房舍家产，子孙繁衍，代代相传。在长安地区出土的众多胡人形象的陶俑和壁画中，这些来自西域、中亚、西亚等异域国家和地区的人物，经过唐代工匠的塑造和描绘，服饰和面相特征已十分鲜明，深目高鼻、络腮胡须、翻领袍服、长筒皮靴几乎成了“胡人”的标准形象。除了长相与汉人不同，他们个个体格健壮、眉目生动、神情张扬、气宇轩昂，或牵马，或驭驼，或架鹰，或驯豹，几乎囊括了唐代宫廷内外所有与动物打交道的职业。孙机先生认为，唐代陶俑中的“胡客”，一般指粟特人，他们原本是居住在中亚河中地区，即泽拉夫善河流域的半农半商民族，在与中原王朝的商贸交往中，其经商的天赋和能力让他们成了丝绸之路商队的绝对主角。粟特人也尚武，西安地区发现的安伽墓等石围屏上的图案中，商贸驼队是常见的题材内容，当时的大商队都配有护商的武士随行自保，但与十六国时期北方各族以武装入境的方式进入中原不同，入关的胡商及粟特人多以通商的面貌出现。

盛唐之前的唐王朝的统治范围延伸到西域以西更遥远的地区后，绿洲边缘大部分聚落按内地行政管理模式被编入乡里，入籍的粟特人从事农业者可依均田法受田，并承担相应的赋税兵役。专家们在对英藏斯坦因收集的敦煌文献《唐开元户部格残卷》的研究中发现，他们与汉族农民杂居，且互相通婚，逐渐汉化，成为当地夷人胡户后，其籍贯“属西、庭、伊等州府者，验有公文，听于本贯以东来往”，即入籍的胡商只能在其户籍所在的边州以东的内地进行贸易。未入籍者继续经商则被称为“客胡”，不允许运载内地产品任意“入蕃”，但可以从域外运货进来，比入籍者方便。这一规定为本属同族的两部分粟特商人提供了互相配合、操控丝路贸易的极大便利。长安西市中众多胡商使得“西市胡（商）”成为唐代长安当时流行的一个专门名称。

不过入唐既久，其中一些具有较高文化且已脱离聚落约束的粟特人，逐渐不循旧制。改奉其他宗教的不在少数，《宋高僧传》和《大唐西域求法高僧传》记载中的唐代的佛教大师释法藏、释伽跋摩等都是粟特人。其精英分子接受汉文化，供职大唐朝廷的大有人在，担任翻译、将作、监牧等职务的有之，成进士、做文官的亦有之。然而这些人应该都不会出现在胡俑中，只有入唐时间已久、贫困的粟特下层移民，稔熟唐土风情且已基本华化者，才能被汉族官宦贵族大户所收容。李益诗载，粟特人“十岁骑羊逐沙鼠”，懂得畜牧，所以唐墓中牵驼驭马的胡俑相当多。此外，粟特人长于音乐歌舞，西安西郊唐俾失十囊墓出土的 6 人乐俑，所持乐器有二弦琵琶、答腊鼓、横笛、竖笛等，与鲜于庭诲墓出土的骆驼载乐俑所持乐器相近。俾失十囊为突厥首领，开元四年（716）四月，“突厥俾失州大首领伊罗友阙颉斤十囊来降，封其妻阿失那氏为雁门郡夫人，以向化宠之也”。此人卒于开元十二年（724），居唐虽然仅仅八年，随葬的乐俑却胡貌唐装，殊为有趣，联想到此时粟特人归附突厥的人数甚众，所以这些乐俑可能也是粟特人。

这件载乐骆驼俑背上的歌伎被 7 位胡汉乐师围在中央，为典型汉族女性形态和装束，这一现象十分有趣。考古发掘资料中，唐代壁画和陶俑中歌者多为胡汉男子，舞者多为舞胡腾的胡人男子，而胡人女子舞胡旋、柘枝记述虽多，形象则不多见。而盛唐时期活跃在唐长安城中的胡人女子风头正健，最为著名的当数“酒家胡姬”，李白有“胡姬貌如花，当垆笑春风”“胡姬招素手，延客醉金樽”等诗句，均反映的是偕胡姬饮酒娱乐之状。胡姬虽在长安西市等街市坊里名噪一时，但在当时人们眼中并非良家妇女，这也许正是唐代贵族墓葬用于陪葬的陶俑中不见她们的身影，出土文物中迄今也尚未发现女胡人俑现象的原因所在。可能与陶俑中胡人男子多被塑造成面目狰狞的形象一样，这也代表着唐代社会上层在审美习惯上对胡人群体的一种普遍认识和看法。

汉唐时期通过丝绸之路加强了中原与西域地区的联系，交融增强了中央政权对该地区的了解与控制，同时以易货转运贸易为特征的商贸交流带动了经济文化的交流，在出土文物中屡见不鲜的胡人和骆驼成为丝绸之外、丝路交通中文化交流的主角和重要文化象征的符号之一。丝路文明与孕育了八百里秦川的黄河文明交融，汇成开放包容的气象，中原文化与西域文化相结合，西域各国人士遍布长安的各个阶层，融入长安的文化、生活，不同国家的乐器也成为中国民族乐器的一部分。

墓主身份

综观近年来唐代墓葬中出土的随葬品种类选择和组合，在遵循封建等级制度的前提下，应该与墓主人的生平经历有着极大的关系，但在以往的墓葬研究特别是器物组合与墓主人生平历史研究中重视不够。例如，1985 年陕西省长武县枣园乡郭村发现的一座唐墓，墓主人为唐泉州刺史张臣合。墓中出土有彩绘双环望仙髻女舞俑、彩绘胡商俑、昆仑奴俑、侏儒俑和彩绘抬蹄马等陶俑，十分珍贵而独特。作为曾经担任过唐代刺史的官员，随葬品丰富本不例外，但仔细看张臣合履历中为官的城市所在地区，便可梳理出一条陕西→甘肃→湖南→福建→江苏→陕西的地理动线，与墓中出土代表不同地域和民族的陶俑加以对照则别有趣味。据墓志记载，张臣合祖籍山西晋阳，后定居在隋安定郡乌氏县（今甘肃平凉市），生于隋文帝开皇十三年（593），经历了隋文帝、隋炀帝、唐高祖、唐太宗、唐高宗两朝五帝，于唐高宗麟德二年（665）死于扬州（今江苏扬州市），总章元年（668）归葬故里乌氏县。一生中为官颇多，曾任唐朔方道安抚大使（治今陕西靖边县）、盐州刺史（治今陕西定边县）、甘州刺史（治今甘肃张掖市）、瓜州刺史（治今甘肃酒泉瓜州县）、朗州刺史（治今湖南常德市）、泉州刺史（治今福建泉州市），最终在麟德二年任正议大夫、使持节兼泉州刺史、璐城公，72岁卒于扬州。近半个世纪里，从25岁授通议大夫、

张臣合墓出土的彩绘双环望仙髻女舞俑

朔方道安抚大使开始，到唐高宗龙朔三年（663）70岁时任泉州刺史，张臣合从北方到西北，再到中南和东南沿海，历任唐代五州刺史，可谓走南闯北、阅历丰富，舞女俑、胡人俑、昆仑奴俑、侏儒俑等几件特殊造型陶俑的出现，与张臣合徙迁为官的经历也许有着某种必然联

张臣合墓出土的昆仑奴俑

系，应是他生前所历见和欣赏的事物在墓葬中的再现。再看中堡村载乐俑的人物姿态、身份、性格在雕塑工匠手里被刻画得鲜明突出、栩栩如生，以往每每被忽视的这位胡人牵驼俑，年轻健壮、高鼻大眼、脸庞圆润，身着翻领胡服，仰头曲臂，似正自信满满牵引着骆驼行进。

1957 年在西安西郊南何村鲜于庭诲墓出土的三彩载乐骆驼俑，是自 20 世纪 20 年代在陇海铁路建设过程中，洛阳地区大量发现三彩釉陶俑后首次出土骆驼载乐乐伎形象的三彩俑，新颖的题材引起了专家学者的极大关注。文物征调入京后，据说时任中国科学院考古研究所所长的夏鼐先生亲自对其进行了观摩研究，考定驼背上胡人乐师所持乐器。两年后，中堡村唐墓再次出土的这组三彩载乐骆驼俑体量高度虽然略小，但驼背上的乐伎人数和人物民族、性别特征比前者更加丰富，所载乐俑的别致造型在众多表现唐代中外文化交流的文物中以其匠心独具而享誉中外。由于三彩器物在唐代属于珍贵物品，多用于较高等级墓葬的随葬品，但两件骆驼双峰间搭置一个平台安置乐伎歌手，打破了自唐三彩大量出土以来人们对三彩器物题材业已形成的认识。这种载乐题材的三彩俑在墓葬中出现既是唐代丧葬文化多元色彩的体现，又与墓主人生前个人等级身份、生活轨迹及兴趣喜好有着千丝万缕的关系。唐朝政府对官员去世后随葬物品的多寡、种类等有严格等级规定，但也常有因功受到帝王赏赐而随葬丰厚的，三彩器物能够随葬亦属于身份的体现。

1957 年 2 月西安西郊南何村鲜于庭诲墓出土的那件著名的三彩载乐骆驼俑幸有墓志，才可将出土的精美器物与墓主人鲜于庭诲身份对应起来。中堡村唐墓器物的种类、数量众多，历史、艺术、科学价值均十分重要，虽然未见墓志出土，无缘直观了解墓主人的身份，但从随葬器物的组合和精美程度可以想见，该墓墓主人的地位不亚于鲜于

鲜于庭诲墓出土的三彩载乐骆驼俑胡人乐伎局部

中堡村唐墓出土的三彩载乐骆驼俑驼背乐伎人物特写

庭诲。

在唐代长安、洛阳等黄河文明的核心区域，以三彩载乐骆驼俑为代表的象征丝绸之路上文化艺术交流传播的文物珍品，是唐代工匠对大唐盛世中外文化交流繁荣景象的艺术想象与夸张之作，也是黄河文明兼收并蓄的体现。

陕西历史博物馆
晏新志

参考资料：

1. 陕西省文物管理委员会：《西安西郊中堡村唐墓清理简报》，《考古》1960 年第 3 期。

2. 陕西省文物保护研究院编著、姜宝莲主编：《二十世纪五十年代陕西考古发掘资料整理研究》，三秦出版社 2015 年版。

3. 马德志、张正龄：《西安郊区三个唐墓的发掘简报》，《考古通讯》1958 年第 1 期。

4. 陆航、王清晨：《秦始皇陵陵西一号墓相继出土金银骆驼俑》，载中国社会科学网 2020 年 4 月 21 日。

5. 伊弟利斯、高亨娜 · 迪班娜 · 法兰克福、刘国瑞、张玉忠：《新疆克里雅河流域考古调查概述》，《考古》1998 年第 2 期。

6. 齐东方：《丝绸之路的象征符号——骆驼》，《故宫博物院院刊》2004 年第 6 期。

7. 长武县博物馆：《陕西长武郭村唐墓》，《文物》2004 年第 2 期。

8. 晏新志：《张臣合墓唐俑品鉴》，《文博》2004 年第 3 期。

9. 乾陵博物馆编：《丝路胡人外来风：唐代胡俑展》，文物出版社 2008 年版。

10. 李瑞哲：《古代丝绸之路商队的运营方式》，《陕西历史博物馆论丛》2016 年第 1 期。

11. 马志军、张建林：《西安西郊陕棉十厂唐墓壁画墓清理简报》，《考古与文物》2002 年第 1 期。

12. 陕西省考古研究所编著:《唐李宪墓发掘报告》，科学出版社 2005 年版。

13. 陕西考古所唐墓工作组：《西安东郊唐苏思勖墓清理简报》，《考古》1960 年第 1 期。

14. 李星明：《唐代墓室壁画研究》，陕西人民美术出版社 2005 年版。

15. 毛水清：《唐代乐人考述》，东方出版社 2006 年版。

16. 欧燕：《唐代城市乐人研究》，商务印书馆 2016 年版。

山西

河汾骄子 有凤来仪

——西周晋侯鸟尊青铜器

山西，简称“晋”，地处黄河中游，中国西部山地高原向平原、海洋过渡的台地，东依太行，西有吕梁，西、南与陕西、河南隔黄河而相望，是华夏文明的重要发祥地，中国文化遗产大省。汾河是山西第一大河，也是黄河的第二大支流，流域面积近4万平方千米，养育了山西近41%的百姓，滋养着山西大地万物。汾河从北流到南，贯穿忻州、太原、吕梁、晋中、临汾、运城。从古到今，汾河哺育了三晋儿女，她见证了无数古史今事，积淀了深厚的文化底蕴。

山西晋侯墓地是我国西周和晋文化考古的重要发现，保存相对完整、序列清晰、随葬品丰富。晋侯墓地第一代晋侯墓出土的鸟尊，其华美的造型艺术和精巧的实用功能完美组合，成为中国青铜艺术中罕见的珍品。

河汾骄子　有凤来仪

——西周晋侯鸟尊青铜器

晋侯鸟尊，西周时期盛酒器，高 39 厘米，长 30.5 厘米，宽 17.5 厘米，山西省曲沃县北赵村晋侯墓地 114 号墓出土，为山西博物院的“镇院之宝”。

整个鸟尊以伫立回首的凤鸟为主体造型，凤鸟头微昂，圆睛凝视，高冠直立。禽体丰满，两翼上卷，鸟背依形设盖，盖钮设计为小鸟形，与凤鸟对望。凤鸟双腿粗壮，爪尖略蜷。凤尾之下为一象首，象鼻内卷上扬，与双腿形成稳定的三点支撑，保证了鸟尊的稳定性。凤鸟颈、腹、背装饰有羽片纹，两翼与双腿装饰云纹，翼、盖间以雷纹衬底，装饰立羽纹，尾部装饰羽翎纹。

鸟与象，是西周时期最流行的肖形装饰，尤为晋人所钟爱。大鸟回眸，小鸟偎依，巨象缩首，构思奇特，想象卓绝，华美的造型艺术和精巧的实用功能，完美组合于此尊，使之成为中国青铜艺术中罕见的珍品。

在晋侯鸟尊的背部器盖内侧及内腹部，均铸有相同的两行九字铭文：“晋侯作向太室宝尊彝。”“晋侯”是制作者；“作”就是制作

晋侯鸟尊　西周　2000 年山西省曲沃县北赵村晋侯墓地 114 号墓出土

的意思；“向太室”就是“向”这个地方的“太室”，也就是宗庙，“向”很可能是宗庙的专用名称（也有专家认为，“向”是当时晋国国都的名字）；“宝尊彝”就是珍贵的彝器的意思。连起来讲，就是晋侯制作了这件铜器，在“向”这个地方的宗庙里使用。寥寥九字，点明了器物的主人，交代了器物使用的场所，引出其用途，表明这是一件晋侯宗庙祭祀的礼器。

据考证，晋侯鸟尊的拥有者是改唐为晋的第一代晋侯——燮父。面对着这件充满蓬勃生机的鸟尊，我们似乎能从中感受到新生的晋国奋发向上的活力，能感觉到当年的燮父励精图治的雄心壮志。

晋侯鸟尊之所以能从山西博物院众多藏品中脱颖而出成为“镇院

之宝”，其一，在于它造型独特，纹饰华美，具有极高的艺术性，是中国青铜艺术宝库中的珍品。其二，晋侯鸟尊的主人为第一代晋侯燮父，因而从某种意义上来讲，晋侯鸟尊可以理解为晋文化的源头，承载着山西这片黄土地的厚重历史。其三，晋侯鸟尊在经历了一场文博工作者和盗墓者的斗争后得以幸存，出土10余年才辗转实现完美合璧，它的“前世”和“今生”故事共同书写了一段跌宕起伏的国宝传奇。

晋侯鸟尊内底铭文拓片

晋侯鸟尊的发现和保护

晋侯墓地

曲村—天马遗址位于山西省曲沃县和翼城县交界处，最早发现于1962年。1979年，当时的北京大学历史系考古专业和山西省文物工作委员会考古队合作，由邹衡先生带队，对该遗址进行了试掘和大规模的调查。遗址面积达11平方千米，遗址内文化遗存相当丰富，主要有仰韶文化、龙山文化、东下冯类型和周秦汉等时期文化，其中以两周时期的晋文化遗存最为普遍。

晋侯墓地位于山西省曲沃县和翼城县交界的曲村—天马晋文化遗址中心部位略偏北，墓地在曲沃县北赵村境内。墓地东西长约170米，南北宽约130米，共有大型墓葬9组19座，大体可分为三排，北排4组，中排2组，南排3组，每组2座或是3座平行并列，都为南北向，主墓道均在墓室之南，方向亦颇相近，墓葬规模从早期到晚期有逐渐增大的趋势。除 M64、M62、M63 是一夫二妻并穴埋葬之外，其余都是一夫一妻成组并穴埋葬。在墓的近旁多数有数目不等的陪葬墓和祭祀坑，随葬的车马坑均置于墓室之东，有的祭祀坑打破了墓道和随属车马坑。

晋侯墓地是一处相对独立的墓地，与普通贵族平民墓地相隔，这种特殊现象显现出当时晋国鲜明的阶级分化，以及晋国对国君嫡系家族地位的重视程度。墓地内每组墓葬之间疏密相当，没有彼此打破的现象，可见墓地经过了有计划的规划并遵循了严格的丧葬礼仪。墓地考古发掘证明，在当时已经出现了墓祭现象，但还未出现墓葬附属的地上建

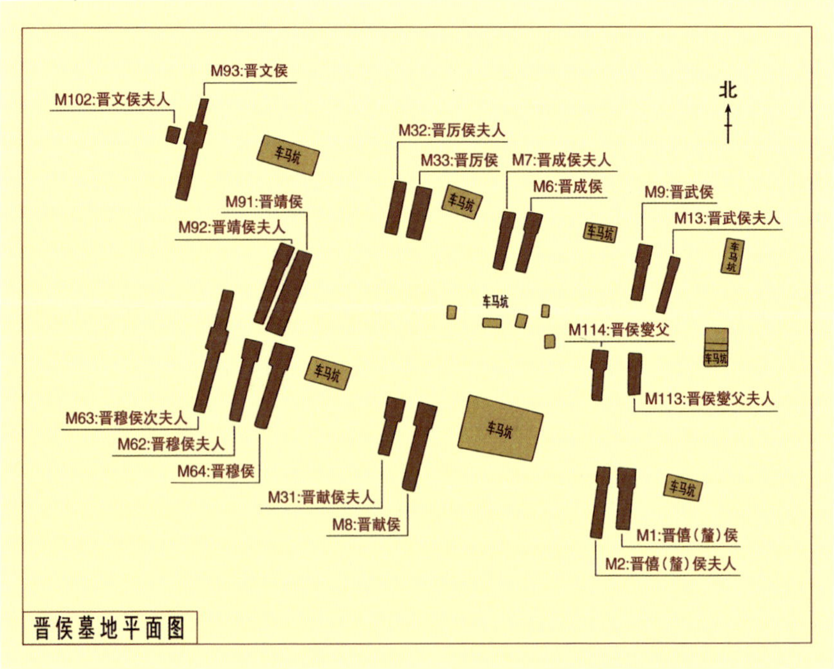

晋侯墓地平面图

筑。墓地内文化堆积简单，大部分墓葬打破生土，墓口以上叠压的最早堆积属于东汉时期，说明这里自辟为晋侯墓地以来，直至东汉从未被扰动。

晋侯墓地各组墓葬中，除了93号晋侯墓南墓道打破了西周晚期灰坑之外，其余均未发现与周代或者周代以前的文化遗存的叠压、打破关系，相互之间也未发现打破现象。因此，考古地层学能为我们提供的墓葬年代依据较少。

在晋侯墓地8号墓出土青铜器上的铭文显示墓主人为晋侯苏，这是墓地中唯一能对应到《史记》记载的晋侯——晋献侯，这对整个晋侯墓地性质的判定具有标尺性的作用。晋侯墓地各组墓葬的年代主要是靠随葬器物的类型学研究以及与已知年代的同型式器物的比较来推定的。参照陕西西安张家坡西周墓地、宝鸡強国墓地、北京房山琉璃河西周燕国墓地及河南洛阳北窑西周墓地等墓葬为分期标尺，将各个墓葬出土的青铜器、陶器、玉器等随葬品通过形制、花纹的排比建立墓葬分期序列，推断出墓葬年代。同时，“夏商周断代工程”中“西周列王的年代学研究”课题所属“晋侯墓地分期与年代测定”专题对晋侯墓地采集到的可供测年的人骨、木炭、祭牲等样品进行了碳十四年代测定，结果与器物学推定基本一致。无论是考古分期，抑或是碳十四年代测定，晋侯墓地的年代上限不早于西周早期，下限亦不晚于春秋早期。晋侯墓地的年代测定结果为“夏商周断代工程”的研究提供了许多科学依据，成为确定西周列王年代的重要支柱之一。

随着墓地资料的陆续发表，晋侯墓地曾一度成为国内外学术界的焦点，众多专家学者围绕着墓葬年代、墓地性质、墓位安排、墓主人的确定、陪葬制度、棺椁制度、用玉制度、车马坑殉葬制度、墓祭与墓上建筑等多方面问题展开了热烈的学术研讨。在讨论中，我们对晋国与西周的认识再次升华，当然一些新的疑问也在不断出现。最终，考古学家基本推定了晋侯墓地埋葬的是从改唐为晋的燮父起，经武侯、成侯、厉侯、靖侯、僖（釐）侯、献侯、穆侯，到护送平王东迁的晋文侯，共 9 代晋侯及夫人。

最后一组晋侯及夫人的墓葬（93 号、102 号墓组）没有出土带有“晋侯”铭文的铜器，仅仅出了一件带有“晋叔家父”铭文的铜器，作为 102 号的晋侯夫人墓无墓道，规格也很低，有学者认为这组墓是晋穆侯的弟弟、文侯的叔叔、破坏嫡长制自立之后被晋文侯袭杀的晋殇叔及夫人的墓葬。随着山西省曲沃县羊舌晋侯墓地的发现，更多学者倾向于这一观点。

晋侯墓地是我国西周和晋文化考古的重要发现，保存相对完整、序列清晰、随葬品丰富。出土大量文物，特别是一批铸有晋侯名号和晋国史实的青铜器的出土，不仅解决了晋国历史上一些难解之谜，比如晋国的始封地的问题，而且纠正了文献中有关历史记载的一些失误，比如晋国三次迁都的记载，更为重要的是，这样一个罕见的、考古资料比较完整的西周诸侯国国君墓地的发现，为我们了解晋国历史提供了翔实而珍贵的资料，让我们对遥远的晋国，乃至整个西周社会都有了多方面的认知。

著名考古学家邹衡先生曾说：“曲村—天马遗址规模宏大，……而晋侯陵园恰在遗址正中。经过 20 世纪 80—90 年代 10 多次发掘，已经证实此遗址是以晋文化为主，其年代贯串晋国始终，而以西周中晚期至春秋早期最为繁盛。今又有诸多晋侯埋葬于此，更确凿无误地证实此处是早期的晋都。”晋侯墓地的发现，填补了失载的晋国早期的编年和史实，为西周年代学研究提供了重要依据，为“夏商周断代工程”提供了重要的年代标尺，先后被评为 1992 年度、1993 年度“全国十大考古新发现”，2001 年被评为“中国 20 世纪 100 项考古大发现”。

因为其中8座墓葬被盗导致资料不全，为晋侯墓地的随葬器用制度研究带来不便。从现有资料来看，晋侯墓以随葬5鼎4簋（或6簋）为主，晋侯夫人墓以随葬3鼎2簋（或4簋）为主，与以往提出的周代用鼎制度不一致，成为研究该制度的新资料和新课题。

晋侯墓地出土的精美器物达上万件，大量精美的青铜器、玉器随葬品，展示出晋国工匠的卓越智慧和晋国高度发达的制造水平。晋侯墓地出土玉器品类纷呈，精品众多。63号墓出土的长度近2米的玉组佩是整个墓地最大的玉礼器组合，也是目前所能见到的先秦时期最大的玉礼器组合，让我们隐约看到了金缕玉衣的雏形。此外，晋侯墓地出土的青铜器中有很多新器形出现，如鸟尊、猪尊、兔尊等，丰富了我们对西周青铜世界的认识。墓地出土的种类齐全的食器、酒器和乐器等，是我们了解西周贵族生活的一把钥匙。晋侯墓地出土的青铜器上的铭文是直接叙述晋国历史的资料，特别是那套具有传奇色彩的晋侯稣钟上长达355字的铭文，不仅为我们记录了史料失载的两千多年前的一次战役经过，而且出现了西周晚期以前未曾见过的刻凿铭文，这在一定程度上证明了当时可能已经出现了冶铁业。

114号墓

晋侯墓地113号、114号墓两座墓葬的发掘从2000年10月14日开始，到2001年1月15日结束，历时3个月，发掘面积400平方米，也是晋侯墓地9组墓葬中规模最小、时代最早的一组晋侯墓，经研究，这是第一代晋侯燮父及其夫人的墓葬。

发现晋侯鸟尊的114号墓为单墓道长方形竖穴土坑墓，墓室口长5.5米，宽4.3米，墓底长6.8米，宽5.5米，墓道长9米，宽5.5米。墓室中部偏北处有一个椭圆形盗洞，为盗墓者用炸药爆破造成。一椁一椁，椁用方木块垒成。棺整体髹黑漆，局部有红漆图案。棺盖板上有一层席痕，席上有丝织物痕迹。人骨因盗墓遭扰乱，棺室撒有大量朱砂。殉葬有车 4 辆、狗 2 只、人 1 个。

114 号墓虽然经过严重盗掘，墓中仍出土铜、陶、原始瓷、玉、金、蚌、漆和骨器等随葬品 200 余件（组）。除了鸟尊，墓中还出土了一件精美的叔夨方鼎，鼎腹内壁铸有 8 行 48 字铭文，记载了叔夨在成周洛邑接受周王赏赐的故事。“叔夨”二字，大多数学者认为就是“叔虞”，因此这件鼎又被称为叔虞方鼎，这是迄今所知唯一一件有“叔夨（虞）”铭文的青铜器，对于晋侯墓地的研究具有重要价值。李伯谦先生认为，这件方鼎很有可能是叔虞分封唐地之前所做的器物。叔虞方鼎器形方正厚重，是一件典型的西周早期器物。当时的方鼎一般都出土于较高级别的贵族墓葬中，是墓主身份和地位的象征物，在宗庙祭祀和埋葬制度上具有特殊的意义。

与其他晋侯和夫人的墓葬不同的是，114 号墓发现了 1 人殉葬现象。此外，114 号、113 号墓组和被认为是第二代晋侯晋武侯及其夫人墓葬的 9 号、13 号墓组的车马坑均为南北向，墓主位置为男西女东，与其他晋侯夫妇墓组有所不同。这些现象被认为是晋国早期受到唐人习俗和文化习惯的影响所致。

晋侯鸟尊出土时已经破碎，与同时出土的部分青铜器一起被套箱带回北京大学的实验室进行清理。北京大学考古文博学院还将从 114 号墓中清理出的上百公斤碎铜片，也一并带回实验室进行后期整理，也正是这项工作，为后来晋侯鸟尊的合璧提供了希望。

室内清理工作结束后，北京大学文物保护专家胡东波和杨宪伟两位老师在教学工作之外，历时一年有余才完成了晋侯鸟尊及同批出土青铜器的主体修复工作，一堆碎片经他们的妙手还原成了熠熠生辉的

晋侯鸟尊出土实况

北京大学考古文博学院清理出的晋侯鸟尊残片

鸟尊。可惜鸟喙出现残缺，此外象鼻的中间部分有一段当时未能找到，以至于晋侯鸟尊整体无法复原。

2002年，为了让公众更多地了解和关注晋侯墓地的考古发现，山西省文物局、北京大学考古文博学院、上海博物馆、山西省考古研究所共同主办了“晋国奇珍——山西晋侯墓群出土文物精品展”，晋侯鸟尊应邀赴上海参展。为了便于展示并达到更好的展出效果，上海博物馆青铜器修复组原组长、副研究员张光敏综合当时很多专家的意见对晋侯鸟尊尾部进行了再次修复，使鸟尊尾部的大象鼻子呈现出向内卷的造型。

2005 年山西博物院建成开馆之后，晋侯鸟尊作为“镇院之宝”在山西博物院“晋国霸业”展厅展出，晋侯鸟尊的形象也被设计成为山西博物院院徽及系列标识。然而，自从晋侯鸟尊的象鼻部分修复完成后，学术界对象鼻子究竟是应该向内卷还是向外翻的争论从未停止。尤其是 2011 年山西翼城大河口西周墓地发现了尾部外翻的鸟形盉之后，对晋侯鸟尊尾部弯卷方向的争议重燃。这也为备受关注的晋侯鸟尊蒙上了一层神秘色彩。

山西博物院院徽

直到近年，北京大学考古文博学院实验室在整理从晋侯墓地 114 号墓带回的碎铜片时，意外发现了疑似晋侯鸟尊尾部的残片，为破解晋侯鸟尊尾部朝向迷局带来了新希望。2018 年 4 月，北京大学 120 周年校庆之际，作为镇院之宝的晋侯鸟尊罕见地应邀赴北京大学赛克勒考古与艺术博物馆参加校庆特展“寻真——北京大学考古教学与科研成果展”。借此机会，经过现场比对，专家基本确认了找到的残片就是晋侯鸟尊的象鼻缺失部分。展出结束后，北京大学将残件慷慨赠予山西博物院，残件随晋侯鸟尊一起返回山西。此次燕园“探亲”，有了意外之喜。

为了国宝的完整性，山西博物院和北京大学考古文博学院联合制订了晋侯鸟尊修复方案，并向国家文物局申请报批。2019 年，晋侯

晋侯鸟尊在上海博物馆进行修复

晋侯鸟尊尾部的残缺部分

合璧后的晋侯鸟尊

鸟尊在山西博物院经过再次修复，重回“晋国霸业”展厅展出，残件基本完整地弥补了大象鼻子中间的缺损部分，曾争论不休的鸟尊尾部朝向问题最终以向内卷的造型宣告终结，曾与盗墓者的黑手擦肩而过的晋侯鸟尊终于迎来了完美合璧，一段波折起伏的国宝历险记画上了句号。

晋侯鸟尊的时代背景

晋侯鸟尊的出土地点位于山西南部，这里古时被称为“河东”，是传说中的尧、舜、禹长期活动的地方。郑玄《诗谱·唐谱》载：“成王封母弟叔虞于尧之故墟，曰唐侯。南有晋水，至子燮改为晋侯。”研究者认为叔虞所封的唐国与尧墟有密切关系，“尧”部落中一支的后裔有可能就是叔虞封地——唐所在地的原住民。

20世纪70年代以来，考古学上的“东下冯文化”正式被发现，东下冯遗址位于山西省夏县埝掌镇东下冯村，面积约25万平方米，发现了夏时期的房屋、水井、陶窑、沟槽和墓葬等遗迹，出土了各种不同质地的兵器、乐器、生产工具和生活用品。由于东下冯文化既表现出与河南的二里头文化存在着密切联系，又显现出许多自身的独特面貌，许多考古学家推断，该遗址为唐人的遗存。但是此“唐人”和商代晚期的“唐国”是否相关还缺乏考古学证据。

继夏而起的商代，山西南部继续扮演着重要的政治角色。唐国，在商代就已出现于甲骨文中，但是目前尚不能确定其准确位置。20世纪80年代以来，考古学家先后发现了东下冯与垣曲两座商代城邑。其中，东下冯商城发现了数座大型圆形建筑基址，被学者认为是商代国家的官方粮仓；垣曲商城则发现了城墙和壕沟，反映出高超的城垣营建技术，被认为是商王朝在黄河北岸营建的军事重镇。这些山西南部的商代考古发现，为商王朝从畿内向西北拓展提供了最早的证据。

公元前11世纪初，地处中原的商王朝没落，活动在渭河流域的周族部落逐渐发展壮大。在公元前1046年前后，周武王姬发联合众多方国和部落伐商。经过牧野之战，周大获全胜，商就此灭亡。周王朝建都于镐京（今陕西西安附近），史称西周。随着西周灭商，地处山西南部、原来归属于商王朝的唐国也顺势归顺了周王朝。

周公平定了唐国的叛乱之后，周成王将自己的同母胞弟叔虞分封到唐国。关于唐叔虞的记载，最广为人知的是司马迁在《史记·晋世家》中所写的“桐叶封弟”的故事：“成王与叔虞戏，削桐叶为圭以与叔虞，曰：‘以此封若。’史佚因请择日立叔虞。成王曰：‘吾与之戏耳。’史佚曰：‘天子无戏言。言则史书之，礼成之，乐歌之。’于是遂封叔虞于唐。唐在河、汾之东，方百里，故曰唐叔虞。”

关于“桐叶封弟”的说法，在秦汉之前的史料中并未见记载。唐代柳宗元曾撰写《桐叶封弟辨》一文，对“桐叶封弟”的真实性提出疑问。中国古文字学家张颔先生则认为，这一故事应为所削桐叶的“桐”字与古唐国的“唐”字在甲骨文中字形非常相近，所以史料从原本的“剪灭唐以封叔虞”，到了汉代就被误解为“削桐”或“剪桐”。而这个故事却被司马迁堂而皇之地写进了史书。可见，相隔千年的西汉之际，人们对西周初年的事情已相当陌生了。更有研究者经过考证后提出，成王即位、唐叔虞封唐之时，都已经是成人，“桐叶封弟”把唐叔虞的册封说成儿戏不可信。

关于唐叔虞封唐，还有一种极具迷信和预言色彩的说法。《左传·昭公元年》载：“当武王邑姜方震大叔，梦帝谓己：‘余命而子曰虞，将与之唐，属诸参，而蕃育其子孙。’及生，有文在其手曰‘虞’，遂以命之。及成王灭唐而封大叔焉。”因母亲邑姜（姜子牙之女、周武王之妻）梦中得到天帝指引而封唐，这种天命说应为后世附会，不足为信。

《国语·晋语》中有“昔吾先君唐叔射兕于徒林……以封于晋”的记载，则出现了叔虞封唐另外一种说法，也就是唐叔虞因为擅长射箭而受封。关于其子燮父改“唐”为“晋”，也有说法为“晋”字在甲骨文中形似插着箭的箭囊，新国号“晋”有燮父纪念擅长射箭的唐叔虞之意。我们由此可推论叔虞擅射，但是叔虞封唐、燮父改“唐”为“晋”的原因究竟是否缘于此却不得而知。

传世的青铜器中，有一件春秋中期的“晋公盆”，铭文中有“晋公曰：我皇祖唐公，膺受大命，左右武王，□□百蛮”的语句，近年由山西警方从境外追回、现展出于山西省青铜博物馆的“晋公盘”上与此同铭。因此，也有人认为，唐叔虞在分封前曾立下赫赫战功，因“左右武王”

而封于唐。更有研究者，根据“左右武王”的记载，认为叔虞可以“左右武王”，而成王尚且需要周公辅政，大胆推测叔虞或许并不是武王的儿子，而是武王的弟弟、成王的叔叔。

因为历史资料众说纷纭，有人根据《左传·昭公元年》记载，提出商周之际可能有两个唐叔虞：一个是旧唐国末代国君唐叔虞，另一个是周成王灭唐而册封的唐叔虞。当然，这也只是其中一种推测。

根据《左传·定公四年》载，唐叔虞封于唐之时，周成王“分唐叔以大路、密须之鼓，阙巩、沽洗”，也就是赐给叔虞大路之车、密须国的鼓、阙巩之甲、沽洗之钟，举行了隆重的授土授民仪式，赐叔虞“怀姓九宗，职官五正”，命以《唐诰》而封于夏墟。叔虞谨奉礼乐重器入唐国，组建新的政权。“怀姓九宗”是周王封给唐叔虞的属民，具体所指的是哪些人，学界说法不一。山西大学谢尧亭先生认为，“怀姓九宗”就是在晋国国内的狄人。而“职官五正”有研究者认为是管理唐国事务的官员。

叔虞死后，他的儿子燮父继承封地，燮父即位后，可能是基于地理位置、交通状况或未来发展等方面考虑，将都城迁到晋，改国号“唐”为“晋”，自称“晋侯”。近年来，发现于香港、现藏于中国国家博物馆的觋公簋上有“王令唐伯侯于晋”的铭文内容，这就告诉我们：周王正式将唐国国君从“唐”地改封到“晋”地，而在此之前其只能称“伯”，封到晋后，周王才正式任命他做“侯”。因此，研究者认为，铭文印证了《竹书纪年》上所说的“唐迁于晋”，所以唐和晋并不是一个地方，而是燮父由唐迁至晋的。

燮父之后的历代晋侯，励精图治，晋国国力日渐强盛。晋武公时，晋国先后灭掉了荀国、董国、贾国、杨国，疆域开始扩张。晋献公时期，进行了大规模的领土扩张，“并国十七，服国三十八”，基本上统一了今天山西南部的临汾、运城盆地。公元前632年，晋文公举行践土之盟，建立了以晋国为中心的新秩序，进一步巩固了晋国“挟天子以令诸侯”的霸主地位，奠定了其春秋第一强国的基础，晋国百年霸业由此肇始。《左传·襄公二十九年》记：“虞、虢、焦、滑、霍、杨、韩、魏，皆姬姓也，晋是以大。若非侵小，将何所取？武、献以下，兼国多矣，谁得治之？”春秋战国之际，晋国的卿大夫韩、赵、魏三家瓜分了晋国领地，韩都平阳，魏都安邑，赵都邯郸，号称“三晋”。三晋进一步开疆拓土，位列“战国七雄”，最后又相继被秦所灭。这也是今天的山西简称为“晋”或“三晋”的由来。

从周初的叔虞封唐，直至秦灭掉三晋中的魏国结束，800年晋及三晋史秉承传统，锐意创新，吸纳了周边诸侯国和北方草原文化的新鲜血液，逐步形成了特色鲜明的晋文化。晋文化作为中国古代北方最主要的一支文化系，在春秋战国时期与南方的楚文化分别代表了黄河流域和长江流域的两大区域文化，影响深远。从这个意义上讲，晋侯鸟尊不仅代表了800年晋及三晋历史的源头，也象征着两周时期黄河流域的灿烂文明。

鸟尊解读

商周时期的鸟崇拜及鸟形装饰

鸟崇拜是人类共有的原始崇拜之一。先秦时期，统治者以鸟为崇拜对象的做法屡有显现。《山海经》《艺文类聚》《淮南子》《诗经·商颂·玄鸟》等都有关于鸟的神话描述。夏、商、周三代的统治者，都坚信本民族的兴起与神鸟的庇佑密切相关，“禹征三苗”“玄鸟生商”和“凤鸣岐山”等传说流传至今。

关于商王朝的鸟崇拜，今天已是不争的事实。商代的立体鸟形青铜容器，多为猫头鹰的形状，猫头鹰古称鸱鸮，尤以呈双面猫头鹰形象的鸮卣和呈站立凶猛形象的鸮尊最为常见。在商代较高级别的墓葬中，往往会有鸮尊和鸮卣出现。河南博物院藏、出土于殷墟妇好墓的鸮尊，山西博物院藏、出土于石楼县二郎坡村的鸮卣均为同时期的鸮型青铜文物。除了青铜器，各种以鸮为形象的商代玉器、石器和陶器也时有发现。

鸮卣，商代酒器，通高 19.7 厘米，山西省石楼县二郎坡出土，山西博物院藏。造型为两鸮相背而立，盖腹相合，圆润敦实，形象生动，实用而美观。

商代晚期，周人定居的陕西渭水边的岐山一带就有“凤凰落在西岐山，鸣了三声出圣贤，天降文王开基业，富贵荣华八百年”的美丽传说。四库全书本《竹书纪年》中记载：“文王梦日月著其身，又鸑鷟鸣于岐山。孟春六旬，五纬聚房。后有凤凰衔书游文王之都。”（鸑鷟，即鷟鸑，凤属，古代中国民间传说中的五凤之一）。《墨子·非攻下》有“赤鸟衔珪，降周之岐社，曰：‘天命周文王，伐殷有国。’”的记载。据《国语·周语上》讲，“周之兴也，鷟鸑鸣于岐山”。在周人的意识里，凤鸟是一种象征吉祥的动物，其影响时至今日。凤鸟形尊在商代基本未见，其出现反映的应该是周人的信仰。

鸮卣（商代）

西周时期，鸟形青铜器、鸟形玉器及鸟形装饰日趋丰富，显示了周人的审美趣味。然而，遗憾的是，宗周存世和出土的青铜器中鸟形青铜器并不多见。晋国作为周王室同姓封国，继承了周王室鸟崇拜的传统。在晋侯墓地出土的众多精美文物中，各种以鸟造型、鸟纹作为装饰的青铜器、玉器随处可见。除鸟尊外，还出土有鸟盖人足盉、立鸟人足筒形器、鸟形玉戈、立鸟盖壶等文物精品。由此可见，鸟的形象已然渗透到了晋人的祭祀、生活、艺术等多个领域。

历数山西出土两周时期文物，仅鸟形青铜器，除了出土于晋侯墓地的鸟尊，还有出土于山西太原赵卿墓的春秋时期鸟尊，相传出土于太原、现藏美国弗利尔美术馆的春秋时期的子乍弄鸟尊，近年山西翼城县大河口西周霸国墓地出土的西周时期鸟盉等，都是绝世佳作。而北京保利艺术博物馆从境外收购的西周时期的倗季凤鸟尊与山西绛县横水西周倗国墓地的发现相印证，可知倗季凤鸟尊也应出自山西。由此可见，在两周时期，鸟曾在山西人的生活中扮演着相当重要的角色。

鸟盉，西周水器，通高 36 厘米。2011 年于山西省翼城县大河口西周霸国墓地出土，临汾市博物馆藏。此盉不仅造型生动，栩栩如生，而且铸有 50 字铸造铭文，铭文内容为器物主人“气（乞）”向“公”宣誓效忠的两次立誓。第一次立誓服从公的命令，称为“誓”；第二次立誓保证不改变第一次立誓的誓词，称为“报奚誓”。由此可知先秦誓约规程中所包括的两个环节，史料价值极高。

鸟尊，春秋酒器，通高 25.3 厘米，1988 年于山西省太原市金胜村赵卿墓出土，山西博物院藏。形如昂首挺立的鸷鸟，全身羽纹华丽清晰，盖与鸟身羽毛纹饰衔接严密，浑然一体。鸟颈与中空的腹腔相通，上喙倾倒酒液时可自动开启，复位时自动闭合，设计十分巧妙。尾部有一虎形支脚，小虎呈昂首蹬地尽力支撑状，以使鸟尊平衡稳定，为晋国晚期青铜工艺之杰作。

实际上，鸟并非夏商周时期唯一的崇拜母题。商周时期，将动物造型融入青铜尊的做法并非罕见，如猪尊、象尊、兔尊、貘尊、鱼尊等。这些种类多样的动物造型青铜尊，为我们重新认识周代礼制提供了一次机会。而鸟造型的青铜器与山西的特殊情缘，也启发了我们对深入理解晋及三晋文明的新思考。

鸟盉（西周）

鸟尊（春秋）

铸造工艺

人类发现和使用青铜的历史是一个漫长的过程。最初，人类被铜矿石的颜色所吸引，用来制作饰品或颜料。从使用偶然得到的自然铜开始，人类一步步探索纯铜的冶炼和青铜的合成。中国青铜器起源于新石器时代晚期，但是直到夏代才开始铸造大型青铜器，青铜器被大量用于社会性和制度性目的之后，开采规模大幅增长，冶炼铸造技术也日臻成熟。到商代晚期，青铜铸造业达到一个高峰，春秋晚期形成第二个发展高峰。

纯铜是铜红色的，称为红铜或紫铜。青铜是在纯铜中加入锡或铅的合金，因锈蚀后表面会形成绿色铜锈而被称为青铜。铸造青铜器时，需要将铜锭与铅、锡等金属共同配制合金。纯铜加入锡能降低合金熔点和增加合金硬度，随着青铜含锡量的增加，铜器的硬度和强度增大，但脆性也同步增大。铜合金中加入铅会增加铜液的流动性，易于铸造出造型、纹饰更精美的产品。

《周礼·冬官·考工记》里记载："金有六齐，六分其金而锡居一，谓之钟鼎之齐；五分其金而锡居一，谓之斧斤之齐；四分其金而锡居一，谓之戈戟之齐；三分其金而锡居一，谓之大刃之齐；五分其金而锡居二，谓之削杀矢之齐；金锡半，谓之鉴燧之齐。"由此可知，当时古人已经熟知，金属成分配比不同，就会造成青铜属性的差异。

古代青铜器的铸造方法主要有熔模法和范铸法。两种方法虽有差异，但都可以铸造出形制不同、纹饰精美的青铜器。

利用可熔性材料做模、焚模成器的铸造方法称为熔模法。其中，最常见的是以蜡为模的失蜡法。东周时期的楚式青铜器，彰显了失蜡法铸造青铜器的高超技艺。

以模翻范、脱模浇铸的铸造方法则是范铸法，这是中国青铜器铸造技术的一项独特成就。中国古代绝大部分青铜器都是通过范铸工艺制造出来的。通常采用合范技术，把铜液浇入外范和内范（芯）之间的型腔，待铜液冷却后打碎外范，可以得到青铜器成品。一般可分为制模、翻范、制芯、合范、浇注和修整六个主要工序。

中国青铜时代的范铸工艺经历了由简到繁的发展过程。双合范是其较为简易的形态，可以用来铸造一些比较简单的或者小型的青铜器，而商周时期华丽繁缛的青铜容器则需要使用多块外范和内芯有序地组合起来。陶范铸造的主要手段有浑铸、分铸、铸接、焊铸等。块范浑铸是我国商周时期最为重要的青铜器成型方式。研究认为，晋侯鸟尊正是块范浑铸而成。那么，我们就详细解析一下范铸法的制作工序。

首先，预先设计，是制作青铜器过程中非常重要的环节。根据不同器形设计模块的形状和大小，最后通过这些模块翻制的范再组合成一体进行浇注。根据山西侯马白店铸铜遗址的发现来看，当时的青铜器设计者已经具有基本的数学知识，比如规矩的使用和等分圆的计算方法等。

其次，制作模和范。工匠们提前需要准备适合的陶土，从特别准备的黄土中筛选出颗粒相似的粉砂，再经过反复淘洗，或者根据需要掺一些草木灰等，这样的黄土制成的黏土上可以刻制非常细腻的花纹。

陶范可分为模、范、芯三类，因为作用不同，对陶土的选料、配料也有区别。模要求有相当的强度和光洁度，所以土质要比较细腻，砂粒细而均匀。范既要求有一定的强度，能承受铜液的冲击，又要有较好的排气性。范腔内面一般用细腻的泥料，质地接近模料。范的背面，特别是较大型范背面多用一层较粗的泥料。浇注时，芯不仅要承受金属液的冲击，还要被金属液包围。浇铸后，金属液从热变冷要收缩，芯从冷到热要膨胀，所以要求芯有比较好的可塑性和一定强度。另外，浇铸时范腔内温度很高，大量气体要通过芯头排除，所以芯要透气性好，其质地一般也比较疏松。

古代工匠先用陶土制成和成品相似的陶模，再用陶土在模上翻制若干块外范，浇筑前用泥土制成比模小一号的内芯，制成的陶范需经过缓慢阴干、置入火窑中烘烤。每一步都是充满艺术创造和精益求精的过程。

最后，合范、浇注和局部修整。利用制作好的陶范，将按比例配置的铜液浇注在范、芯之间的空隙，待冷却后就形成了青铜器。青铜器铸成之后，还需要经过补铸、锯截、錾凿、刮削等工序，去除青铜器表面的毛刺、芒口、浇铸口等痕迹，打磨抛光之后，才得到青铜器成品。

具体到铸造晋侯鸟尊，简而言之，主要步骤就是要先用陶泥制作出一个和晋侯鸟尊几乎一样的陶模；翻出多块组成的陶范和内芯，组成一个鸟尊的空腔；用铜液进行浇注；待冷却后打碎外范、取走内芯；再进行细致打磨，就可以得到鸟尊成品。2019 年，山西博物院进行晋侯鸟尊尾部修复时，工作人员在象鼻内腔也发现了残存的陶范内芯，这也有力证明了晋侯鸟尊确系范铸而成。

此外，商周青铜器上的铭文可分为刻制和铸造两种，铸造铭文有阳文和阴文两种，以阴文比较多见。晋侯鸟尊器盖和内底的两行九字铭文均为阴文铸铭。

晋侯鸟尊器盖铭文

铸铜遗址

考古工作者曾在山西地区发现多处采铜、冶炼和铸造遗址，年代久远，技术成熟，工艺精湛，揭示出了几乎完整的古代青铜工业生产链。

中条山地区是古代中国重要的产铜区之一，其铜矿生产可能直接供应了当时的豫西、豫北和晋南多个青铜器铸造中心，在早期中国冶炼铸造史上有非常重要的地位。

位于山西侯马晋国遗址内的侯马铸铜遗址是目前国内所见规模最大、出土物最丰富的青铜时代作坊遗址，出土了铸铜陶范 5 万多块、熔炉和鼓风管 2 万多块，还有炼渣等，较为完整地向世人还原了东周时期晋国先进的青铜铸造水平。当时晋国青铜器品种涉及当时生产、生活、军事、祭祀等方方面面，艺术造型构思巧妙，图案纹样匠心独运，其范铸青铜的技术成就达到了青铜时代的巅峰，形成了鲜明的晋系风格。目前，山西、河南、河北大部，陕西、内蒙古、山东的部分地区出土的春秋晚期青铜器大多源自侯马铸铜遗址，可以说晋式青铜风靡了当时长江以北的大半个中国，书写了人类科学技术史上灿烂的一页。

然而，由于发现的铸铜遗存时代较晚，以往研究者多认为山西的采铜、冶铜业都是自东周以后才兴起，而在晋侯鸟尊所属的西周早期，周王室对青铜资源实行集中控制，对各诸侯国统一配给，青铜采冶业主要在南方，而采矿、炼铜和铸造是在不同地区分开进行的，并推测制造晋侯鸟尊的原材料也应来自南方，比如安徽、湖北等地。

近年来，由中国国家博物馆、山西省考古研究所、运城市文物保护研究所组成的联合考古队在山西南部开展了多个考古项目，取得丰硕成果，尤其是闻喜县千金耙矿冶遗址、绛县西吴壁遗址的发现，将山西地区采铜、铸铜的历史大大提前。

闻喜县千金耙矿冶遗址是 2011 年考古发掘出的夏商时期采冶遗址，也是目前国内发现年代最早的铜采冶遗址。这里发现了竖井、斜井、平巷等矿井结构，还有灶和窑等生活设施，大量的矿石和采矿工具以及与冶炼相关遗物，如炉壁残块、炼渣等。该发现可将山西冶铜历史追溯到公元前 1600 年之前；同时初次为含特殊铅的早期青铜器找到了一处原料产地，使中条山地区作为夏商早期青铜器原料产地的立论具备了考古学及地球化学的双重证据。

山西绛县西吴壁遗址于 2018 年至 2019 年进行考古发掘，是目前发现的中原地区时代最早、规模较大、专业化程度最高的冶铸遗址之一，发现了夏商时期冶炉残迹和炉渣、炉壁（坩埚壁）、矿石、石范、石锤、石杵、石砧等，考古人员还复原出存放矿石、炼铜、烧制和储存木炭、堆放废弃物等与冶炼有关的多个环节、设施和场所。经过检测，可知该遗址是一处以冶炼纯铜为主，兼可制造小型工具的聚落。西吴壁遗址是学界首次在临近夏商王朝的腹心地带发现的专业冶铜遗址，为深入探索早期冶铜手工业技术及生产方式，乃至探索夏商王朝的崛起与控制、开发、利用铜资源之间的关系提供了珍贵的实物资料，填补了青铜器产业链中的空白，被评为“2019年度全国十大考古新发现”。

截至目前，虽然考古工作者尚未在山西地区发现西周早期的青铜开采、冶炼、铸造遗址，但是不断发现的新考古材料，为我们寻找鸟尊等晋侯墓地出土青铜器的出产地提供了新的方向。

山西博物院
陈汾霞

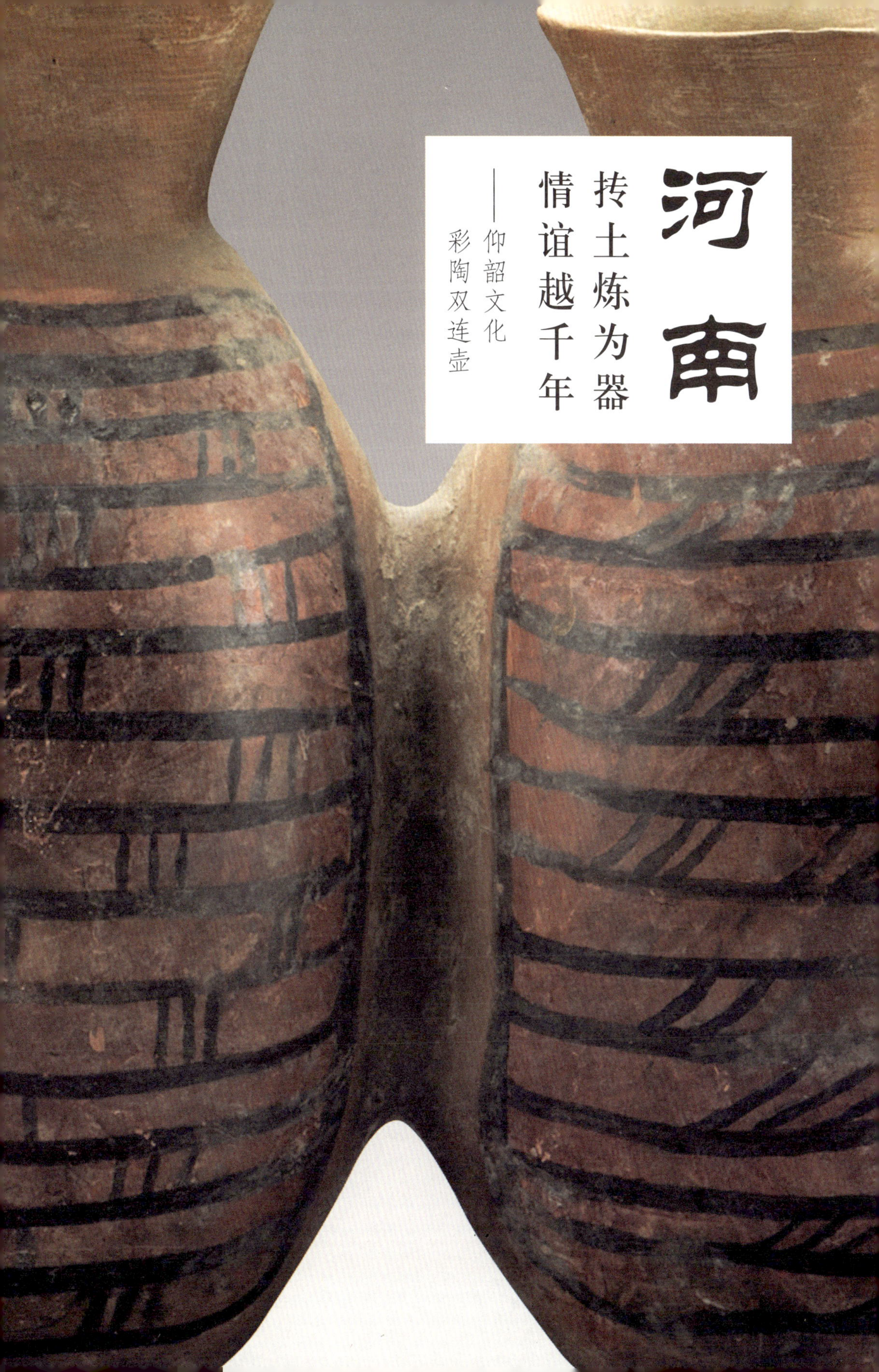

河南

抟土炼为器
情谊越千年

——仰韶文化彩陶双连壶

河南，简称“豫”，地处黄河中下游，位于黄河的要冲地带，黄河河南段全长711千米。河南境内土地的形成有赖于黄河不羁的流淌，文明的出现有赖于黄河的哺育，中原大地上的中华文明史就烙印在黄河流动的轨迹上。河南作为黄河文明的重要源头和黄河文化的核心区域，富集着黄河文明的历史遗存、文化景观，孕育了黄河文明的内容精髓、思想精华，是“最早的中国”所在地，是“黄河边上的中国”。中原文化与黄河文化相生相长、互为依存，共同构成了中国作为文明国家的内在依据。

郑州大河村遗址位于黄河南岸，北距黄河7.5千米，是黄河流域著名的新石器时代仰韶文化遗址。仰韶文化是黄河孕育的重要史前文化，现已发现的遗址集中分布在黄河中下游，其出土遗迹遗物表明，当时已出现文明的萌芽。彩陶双连壶作为仰韶文化时期的一件特殊器物，从物质和精神层面共同彰显着社会的进步。

抟土炼为器　情谊越千年

——仰韶文化彩陶双连壶

彩陶双连壶1972年出土于郑州市大河村遗址，现藏于河南博物院。泥质红陶，口径6.4厘米，底径5厘米，高20厘米。喇叭口，尖唇，高领斜直略弧，束颈，橄榄形腹，小平底微内凹。两个体形相同的壶并列，腹部对接加固相通成为一体。器表磨光，涂红衣，饰黑彩平行直线纹十三或十五周不等，两行平行直线纹之间再饰三道垂直平行短线纹或斜直短线纹，两壶外侧各附对称桥形器耳一个。其造型别致，构思新颖，彩绘线条古朴流畅，风格独特，对研究原始社会的社会形态、生活习俗和制陶艺术有重要价值。

彩陶双连壶出土背景

悬河头，华北轴，百川口，万古流。滔滔黄河自西向东，迤逦曲折，连绵万里，挟带大量泥沙折入中原腹地，在河南境内孕育了厚重的中原文明。

黄河流域是中国早期文明发展的重要地区，黄河中游更是早期文

彩陶双连壶 仰韶文化　1972 年大河村遗址出土

明起源的核心区域。距今约 1 万年，黄河中游地区开始步入新石器时代，李家沟遗址出土了距今约 1 万年以前的陶器和磨制石器。距今 8000 年左右的裴李岗文化时期，黄河中游已开始出现农事活动，生产性经济逐步取代攫取性经济。距今 7000—5000 年，黄河中游出现以彩陶为典型特征、分布广泛的仰韶文化。距今 5000 年前后，黄河中游形成一些血缘氏族部落，其中以炎帝、黄帝两个部族最为强大。黄帝取得盟主地位后，融合其他部族，形成“华夏族”。距今约 4000 年前，黄河中游地区早期国家诞生，正式迈入文明社会。

郑州地处中原腹地，黄河中游南岸，这里土地肥沃，气候温和，雨量适中，自古以来，我们的祖先就在这里劳动、生息、繁衍，留下了丰富的文化遗存。郑州地区已发现史前遗址上百处，其中仰韶文化遗址，尤以黄河岸边的大河村具有代表性，它既是黄河哺育的文化，也见证了黄河流域郑州地区史前文化的发展历程。

大河村遗址的发现经过

大河村遗址位于河南省郑州市东北郊柳林镇大河村西南约 1 千米的漫坡土岗上，北距黄河 7.5 千米。因岗上盛产棉花，当地群众称之为“花岗”。土岗呈西南—东北走向，南、北两面坡度较大，有一条西南—东北流向的古河道从遗址中部穿过，将遗址分为东、西两部分。2001 年 6 月，大河村遗址被国务院公布为第五批全国重点文物保护单位。

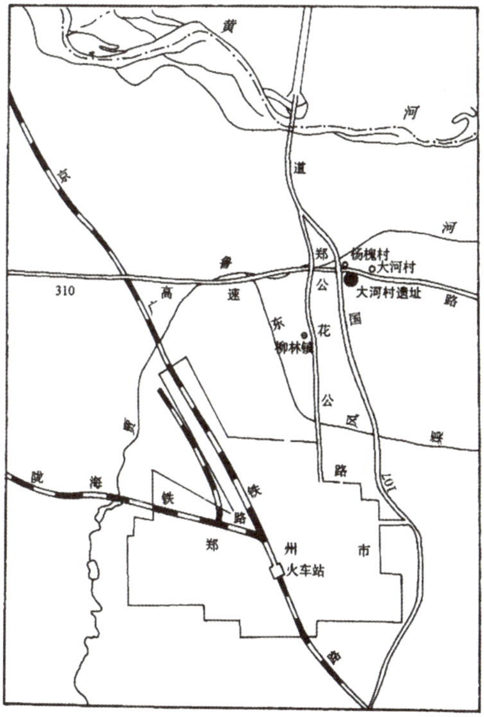

大河村遗址位置示意图

中原腹地，黄河岸边，谁也难以想象，就在此漫坡土岗的地下，埋藏着一段历史的过往……1964 年，时值秋季，当地杨槐村的农民在进行农业劳动时，意外发现了一座唐代墓葬，遂将出土的铜镜等遗物上交给文物部门。当时的郑州市博物馆派人现场勘查，发现此处地表散存有大量的红烧土、陶片、石器、骨器和蚌器等史前遗物，初步判断这是一处包括仰韶文化和龙山文化的新石器时代遗址。1972年春，郑州市博物馆又对此遗址进行复查，发现遗址东半部最高处因平整土地被平去0.8—1.2米左右，暴露出更为丰富的遗物，特别是大量散存的红烧土块，且红烧土块上印有清晰的木柱、横木和芦苇痕迹。此外，还发现丰富的白衣彩陶。这些重大发现在同类遗址中均较为罕见，于是向上级部门履行报批手续。经批准，1972年10月，正式拉开了大河村遗址发掘工作的序幕。从1972年首次试掘至1987年，大河村遗址已先后发掘21次。2010年以来，为配合大河村考古遗址公园建设和中原文明化进程研究，又先后进行了4次发掘。截至目前，大河村遗址发掘面积近7000平方米，出土各类房基57座、灰坑509座、墓葬406座、壕沟5条、各类文物及标本20000余件，为研究史前社会生活提供了重要资料。

大河村遗址文化面貌

根据出土遗物，大河村遗址大致经历了仰韶、龙山、夏、商四个历史时期，各时期均呈现鲜明的文化面貌。大河村先民凭借劳动智慧，不断地改进生产生活用具，推动生产力发展和社会演变。

1. 房屋建筑。大河村遗址共清理房屋基址57座，包括仰韶文化房基53座，其中半地穴式3座、地面式50座；龙山文化房基2座，皆为地面式。它们的发现，为研究房屋的建造工艺、复原房屋的原始形态提供了珍贵的实物资料。

2. 石器加工。大河村仰韶文化时期属新石器时代晚期，石器加工比较发达，加工方法有打制、打磨兼制、琢磨兼制、磨制，器类有农业、狩猎及其他加工工具。例如，农业工具石镰、石刀等，狩猎工具石球、石镞等，其他加工工具石纺轮。龙山文化时期，随着农业进一步发展，农业生产工具不断增多，特别是器形较大的石铲和石斧增多。制法与前期类似，钻孔技术较仰韶文化使用更为普遍。夏、商时期，尽管已经步入青铜时代，但石器作为主要的生产工具，大河村先民依然不断地加工、广泛地使用，勤劳开垦着赖以生存的家园。

3. 陶器制作。新石器时代，随着农业的萌芽和发展，为适应定居生活、炊煮谷物性食物的需求，陶器孕育而生。大河村遗址出土陶器数量众多，种类多样，纹饰丰富，反映出大河村先民掌握了先进的陶器制作工艺。

大河村仰韶文化时期的陶器根据特征可划分早、中、晚三期。早期陶器表现出一定的原始性，多细泥陶和夹砂陶，夹砂陶均掺蚌料，里、表、胎三者颜色各不相同。器表以素面为主，彩陶从早到晚逐渐增加。中期陶器以泥质红陶为主，新出现釉陶，质地坚硬、细腻，釉色鲜艳、发亮，不易脱落，火候较高，渗水性较差。彩陶达到鼎盛，不仅数量多，而且颜色鲜艳，花纹繁多，图案优美，颇具特色。晚期陶器以泥质灰陶为主，极少有白陶和黑陶。彩陶开始衰落，数量减少，笔画草率，花纹图案简单。

大河村龙山文化时期，彩陶消失。从龙山文化到商文化时期，陶器制作工艺提高，以泥质灰陶为主，器表多素面或素面抹光。

4. 其他工具加工。大河村先民除了从事石器加工、陶器制作，还根据现实需求，加工骨器、蚌器、角器、牙器、玉器、木器等，从大河村遗址出土的遗物可见一斑。

骨器，既有生产工具，也有装饰品，都是利用狩猎或饲养动物的骨骼加工而成。生产工具有骨镞、骨锥、骨针、骨铲、骨刀等，制法主要是磨制，它们数量众多，仅次于石器，是当时主要的生产工具之一。装饰品有骨簪、骨环、骨饰，通体磨光，制作精美，不仅体现出先民高超的技术工艺，而且彰显出先民对美的追求和向往。

蚌器，利用蚌壳制作，生产工具有蚌镞、蚌铲、蚌镰、蚌刀、蚌锥，多取于自然形状略经加工，有些钻有圆孔，有明显使用致残的痕迹。装饰品只有蚌环、蚌饰，均为磨制。

角器，均由鹿角加工，器形包括角锥、角矛、角锤、角凿、角镞、角靴形器，锯磨兼制，均为生产工具，多有使用痕迹。

牙器，利用兽牙加工，既有捕猎的牙镞，也有装饰的牙饰。

玉器，石之美者。大河村仰韶文化时期，出土玉器少，生产工具有玉铲、玉刀，装饰品有玉环、玉璜、玉饰，磨制光滑。此后，龙山文化、夏、商时期，玉器依然未见增多，但各期都有出土，器形与仰韶文化时期一致。根据出土实物，得知当时玉器制作较为原始，以装饰品为主，表明玉器已开始从石器中独立出来，被作为美的事物融入先民的生活之中。

木器，由于对保存条件要求严苛，且易腐烂，故发现有限，只有木柄、木矛、加工木，皆有明显的加工痕迹。

大河村遗址的重要价值

大河村遗址是仰韶文化的重要代表性遗址，规模庞大，文化序列完整，现已发现经统一规划的原始村落、规则的围壕、墙体、连间套房、发达的制陶技术，以及绚丽多姿的彩陶艺术等，广大学者对其进行了广泛研究，表明该遗址在史前研究中具有重要价值。

第一，确立了大河村遗址的年代和分期。大河村遗址为距今6800—3500年，其中仰韶文化分7期，龙山文化分3期，二里头文化、商文化遗存较少，未分期。第二，遗址文化内涵极其丰富。包含仰韶文化、龙山文化、二里头文化、商文化等，延续时间长达3300年，记载了仰韶文化到商代前期漫长的历史岁月，与中国古代文明起源、形成和发展密不可分，这是国内其他同类遗址少有能及的，由此也成为诸多遗址中的佼佼者。第三，大河村遗址以仰韶文化为主，涵盖了仰韶文化从产生、发展到消亡的全过程，前后达2400年之久。无论是从考古地层学还是考古类型学上，大河村遗址都为中原地区仰韶文化树立了一个典型的分期标尺。第四，大河村遗址涌现了较多外来文化因素，为研究新石器时代黄河中游、黄河下游及江汉流域的文化往来提供了一个重要连接点。第五，大河村遗址出土的遗迹、遗物非常突出。保存较好的“木骨整塑”房屋基址为研究中国古代建筑发展历程提供了罕见的实物资料。彩陶色彩鲜艳夺目，纹饰丰富多样，特别是描绘大自然的太阳纹、月亮纹、日晕纹、星座纹、彗星纹等天文图像，在仰韶文化中独树一帜，是我国最早的天文学实物资料，对研究我国古代天文学和历法的产生、发展具有十分重要的科学价值。

著名考古学家苏秉琦针对大河村遗址的重要价值曾说：“你说二里头遗址重要不重要？重要。但河南可以拼凑一个二里头，却拼凑不了一个大河村。河南唯一能与大河村相比的，只有淅川下王岗，但下王岗的地理位置，又远远不如大河村重要。”

彩陶双连壶出土位置

彩陶双连壶出土于大河村遗址仰韶文化第三期房基遗存F1中。F1—F4是一组东西并列、紧密相连的四间为一体的建筑群。因建筑工艺精湛，且出土有代表仰韶文化艺术珍宝的彩陶双连壶，被誉为“天下第一屋”。F1为长方形，虽遭破坏，但大部分墙壁仍保存一定高度。房内地坪基本平坦，地势西北部略高于东南部。F1内加筑两道隔墙，将房屋分为外间和套间两部分，套间呈长方形，面积6.59平方米，外间呈拐角形，面积13.21平方米。F1内有2个烧火台、1个火池。烧

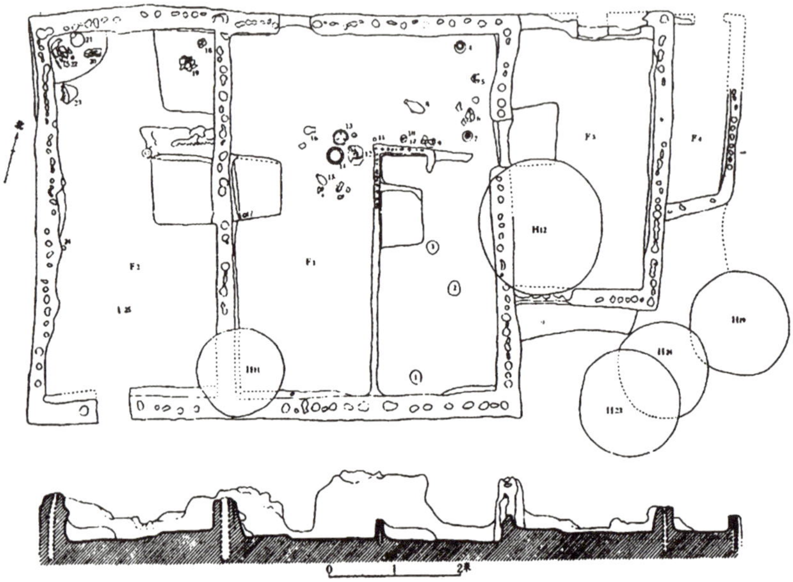

仰韶文化第三期 F1—F4 平剖面图

仰韶文化第三期 F1—F4 遗迹现场

仰韶文化第三期 F1—F4 复原模型

火台一个位于外间西墙中部，另一个位于套间西北部。火池位于套间西北角，紧邻烧火台。

根据房基判断，F1 曾有两个门。一个门向北，位于北墙西部，门东西两侧的门口墙壁呈抹角方形或弧形。门宽 0.5 米，底部用红烧土块堆筑成一道门槛，门槛表面涂抹一层砂质细泥。门槛横断面呈半圆形，宽 15—20 厘米，高 5 厘米。另一个门向东，位于东墙北部，门南北两侧的门口墙壁呈抹角方形。门宽 0.7 米，底部用硬草拌泥修筑一道门槛，门槛表面也涂抹一层砂质细泥。东门在后期扩建 F3、F4 时封闭不用，因此门槛上保留有封闭时加筑的薄墙。套间通向外间的门向北，位于北隔墙东端，与 F1 的东门相对，门宽 0.9 米，底部用硬草拌泥修筑一道门槛。F1 四周墙内共有柱洞 81 个，芦苇束痕迹 23 个。房内上层堆积约 0.5 米的红烧土块，内夹碎木炭块和仰韶文化的陶片等，下层 0.5

厘米的黑色灰烬直接压在地坪之上。出土遗物集中分布在外间的中部和东北部，完整的和能复原的陶器有10余件，器形有陶鼎、罐、钵、壶、盆、豆等。据发掘者回忆，彩陶双连壶出土时曾一度被误认为是两件彩陶壶，各残缺一耳。后来，严文明先生到大河村遗址指导发掘工作，发现这两件彩陶壶几乎一模一样，经过比对，竟然能够吻合在一起，一件举世无双的彩陶双连壶就这样诞生了。另外，还出土有石器和骨器，推断应是房子废弃时，主人遗留的生产生活用品。

从F1及附属房基的构造看，它们采用了“木骨整塑”的建筑工艺。具体步骤分七步：第一，堆土奠基，提高房屋地面高度；第二，开挖基槽，用来深埋圆形立柱，构建泥墙骨架；第三，栽埋立柱，绑扎，内衬芦苇、荆棘；第四，糊泥，塑造完整墙体；第五，堆柴火烧，将泥墙进行烘干烧烤，增强坚固性；第六，架檩、椽，为房顶铺草作支撑；第七，屋顶铺草，形成完整的房顶。此房屋最明显的特征是坚固耐用、防潮保温。除早期被人为破坏，一般埋在地下不易受水解和其他自然因素的破坏，因此保存较好。时至今日，我们依然可以目睹千年陶房，可见大河村先民建筑工艺之高超。

大河村先民的智慧除了体现在墙体构造上，在房基地坪上也有展现。早期的地坪表层流行铺设砂质细泥或夹砂细泥，并经烧烤；而后期则流行用大砂、黏土和料礓石粉配置而成的“三合土”铺设并烧烤。这种“三合土”类似现代的水泥，使得房屋地坪更加紧固耐用。

彩陶双连壶文化解读

彩陶双连壶是大河村仰韶文化时期的一件特殊器物，独一无二。其纹饰独特，器形对称，先民究竟为它赋予了何种寓意，其功能为何，

彩陶钵

彩陶罐

彩陶壶

未经修复的彩陶双连壶

无不给今人留下谜题，等待我们探索解答。

制作工艺

彩陶由陶器发展而来，是先民在陶器制作工艺上的重大进步。陶器是新石器时代先民重要的生活用品，它以可塑性较好的黏土作为基础原料，按照不同的用途要求加入石英、砂岩粉末等不同的羼和料，通过塑形、干燥、焙烧等多道工序制成。新石器时代的陶器主要有生活用陶、艺术陶和建筑用陶三种用途，其中发现最多、使用最为普遍的是生活用陶，大多为盛贮器、炊饮器。陶器的出现，是先民由渔猎和采集为主的生活方式，发展到以农耕为主的定居生活方式的产物。它不仅改善了先民的饮食状况，而且促进了原始农业的发展，同时推动着原始社会组织形式与结构的变革。

新石器时代的陶器，按质地划分，主要有泥质陶和夹砂陶两类。泥质陶的陶土一般经过选择、淘洗，质地细腻，多制作盛贮器。夹砂陶的陶土中加入一定数量的砂粒，可使陶坯受热时不易变形开裂，提高陶器耐热急变的性能。陶器的制作主要有两种方法：手制法和轮制法。手制法比较原始，主要有手捏法、模制法和泥条盘筑法。轮制法主要盛行于新石器时代中晚期，借助陶轮加工陶器。陶轮也称陶车，是一个固定在矗立的短轴上的圆盘。加工陶坯时，把泥料放在转动的轮盘上，借助陶轮旋转的力量，用手掏料，以提拉的手法制成陶坯。轮制法的出现，不仅增加了陶器的生产数量，而且大大提高了陶器的质量，可以生产出形制更为规整、器壁厚薄更为均匀的陶器。

随着生产力的进一步发展，先民开始对轮制陶器进行更细致的修饰，如用砾石或骨器在陶坯表面压磨，使它更加平滑光亮；或以细腻的陶土加水调成泥浆涂在陶器表面，形成陶衣，起到美化与装饰的功用，为彩陶的繁荣奠定了基础。

彩陶是用天然的矿物质颜料在陶坯上绘彩，然后入窑烧制形成的，烧成的器物表面呈现红、黑、白诸种颜色的图案，且不易脱落，从而实现装饰美化的效果。彩陶既是史前先民的实用器物，也是先民的艺术创作，凝结着先民的生活智慧和无穷的想象力。考古发现表明：大约在距今 8000 年，亚洲大陆东西两端的史前先民率先开始制作彩陶。中国彩陶作为世界彩陶中的重要组成部分，沿着自己的脉络发展，延续时间长达 5000 余年。中国彩陶最早出现于渭河流域的老官台文化，并逐渐向周围扩散传播，形成了仰韶文化彩陶繁荣发展的局面，其波及范围东北至辽宁，西北至新疆，东南达台湾，西南至西藏，多元发展，异彩纷呈，为中华文明的形成和发展奠定了坚实基础。

仰韶文化彩陶的烧成温度一般在900—1000℃，彩绘以黑色为主，兼用红色。图案多饰于器物的口沿、肩部、腹部等主体部位。彩绘图案的位置与先民的生活方式密切相关，先民一般席地而坐或蹲踞，彩陶图案的装饰部位大多分布在先民视线最容易接触到的地方。根据光谱分析彩陶着色颜料的结果，赭红彩中的主要着色元素是铁，黑彩中的主要着色元素是铁和锰，白彩中除含有少量铁外，基本没有着色剂。据此，我们判断赭红彩料应该就是赭石，黑色彩料可能是一种含铁量较高的红土，白色彩料可能是一种配入熔剂的瓷土。郑州市文物考古研究院与大河村遗址博物馆曾利用便携式X射线荧光光谱仪，对大河村遗址的彩陶、彩陶片及块状颜料进行无损成分分析。试验结果表明：大河村遗址彩陶的红彩主要是铁矿物，黑彩主要为铁锰矿物，白色陶衣为一类沉积高岭土，红色陶衣为加入一定量赤铁矿的制胎黏土。

关于绘制图案的工具，学者根据仰韶文化彩陶纹饰笔触细腻，线条流畅，甚至有些纹饰上还留有笔毫描绘的痕迹，判断当时可能使用了类似于毛笔特点的工具进行创作与绘制。绘彩所用的颜料、磨砚、研磨锤等工具，在西安半坡、临潼姜寨、宝鸡北首岭等遗址都有发现。

彩陶双连壶是泥质红陶，陶质细腻，器表涂红衣，由两件陶壶拼合而成，腹部相接处有明显的拼接痕迹。在缺少模范的仰韶文化时期，先民们制作出几乎一模一样的两件陶壶，可见生产工艺之高超。

纹饰分析

仰韶文化时期彩陶分布广泛，不同地区、不同遗址发现的彩陶花纹形式与风格互有区别，但它们也有共同特点。仰韶文化早期是彩陶的萌芽发展时期，中期是彩陶的鼎盛时期，晚期是彩陶的衰落期，逐渐消失绝迹。仰韶文化早期彩绘图案只有单色彩，关中地区全部是黑彩，关东地区主要是红彩，也有黑彩。中期单彩依然占据主要地位，或黑彩或红彩，还出现了白衣和红衣彩陶。白衣彩陶多是在白衣上施黑彩或黑、红两彩兼施。晚期又演变为单彩，并以红彩为主。仰韶文化早期彩陶纹饰有单线条构成的窄带纹、宽带纹和波折纹，以及直边几何图形构成的直边三角纹、菱形纹、细腰形纹等；中期多见用曲边几何形构成的圆点纹、弧边三角纹、新月形纹，以及由此组合而成的花瓣纹、勾连纹等。晚期多是曲线和直线并用，带状网格纹是基本图案。象生性花纹只见于早期和中期，早期以半坡文化的鱼纹为主，中期以庙底沟文化的蛙纹、鸟纹和龟纹多见。

大河村作为仰韶文化在郑州地区分布的一处重要遗址，其彩陶纹饰具有鲜明的地域特色。有学者曾对大河村仰韶文化彩陶纹饰进行分类，大致分为几何纹、植物纹、动物纹、天文纹四类。几何纹是由点、线、面排列组合的纹饰，应用最普遍。新石器时代几何形图案的广泛应用，或许源自编织的影响，如篮子之类的印痕——篮纹、绳子的印痕——绳纹、席子的印痕——席纹等。从构图来看，几何形图案是最富于变化、最易创作、最易适用于各种器形，艺术效果也较好的一种装饰纹样。点与点、线与线、面与面……相互重合、交叉、反复等，可以形成千变万化的图案组合。几何形图案正因为在构成和应用上具有无可比拟的优点，才在早期的陶器和彩陶上得到广泛应用。植物纹是以植物为题材的纹饰，如钩叶纹、花瓣纹、禾苗纹等。动物纹在大河村遗址发现较少，目前仅见鱼纹。天文纹是以日月星辰为题材的纹饰，如太阳纹、月亮纹、彗星纹、日晕纹等，是大河村仰韶文化最具代表性的纹饰，大河村因此也被形象地称为“星空下的村落”。

彩陶双连壶的纹饰属于几何纹，由平行线构成，绘黑彩。左侧壶体有 15 道平行横线，每两条横线之间间隔绘制 3 道平行竖线，右侧壶体有 14 道平行横线，每两条横线之间间隔绘制 3 道平行斜线，有学者认为斜线似在表现使用时倾斜的状态。两壶的平行横线并不完全对应，从制作和绘彩的角度考虑，推测应是两个陶壶合并后分别绘制而成。

大河村仰韶文化彩陶纹饰

彩陶是史前先民杰出的艺术创造，其纹饰以鲜明的色彩、巧妙的构图，生动形象地反映了史前的生活场景和先民的精神世界。大河村遗址的彩陶纹饰经历了从简单到复杂再回归简单的发展历程，表明先民随着生产生活的改变，审美观念也随之变化。彩陶双连壶简洁的几何线条，充分反映出大河村先民简朴的审美观。

器形分析

彩陶双连壶形制特殊，不少研究者围绕器形对其文化归属进行了探讨。栾丰实基于仰韶文化晚期与大河村类型（或称秦王寨类型，即大河村仰韶文化第三、四期）、大汶口文化中期年代对应关系的确立，认为彩陶双连壶与大汶口文化的早期背壶形似；靳松安根据大河村仰韶文化第三期划归仰韶文化中期最晚阶段的分期，否定彩陶双连壶受背壶影响，而认为“从单体形态近似于同时期长颈彩陶壶的情况分析，其很可能是后者的一种变体”；许永杰将大河村的秦王寨文化遗存分为五期，认为五期均见有大汶口文化器物，彩陶双连壶、长颈彩陶壶均属二期。栾丰实和许永杰一致认为彩陶双连壶源自大汶口文化因素，而靳松安则认为其源自内在文化因素。近来，亦有研究者从大河村仰韶文化与大汶口文化的年代关系入手，结合器形和纹饰进行分析，认为彩陶双连壶形制上融合了大河村仰韶文化三期双耳壶和以橄榄腹为特征的陶壶的特点，在纹饰上继承了内在文化因素，而大河村仰韶文化三期双耳壶又是受大汶口文化早期同类器物影响产生的地域变体，因此，彩陶双连壶既体现了大汶口文化早期双耳壶的文化因素，又继承了仰韶文化内在文化因素，是两种文化融合的产物。另外，彩陶双连壶采用橄榄腹可以增加两个陶壶的接触面积，拼接更加牢固，体现出古人细腻而非凡的智慧和极富经验的高超技艺。

彩陶双连壶功能探究

彩陶双连壶是大河村遗址仰韶文化中唯一一件连腹壶，它巧妙利用连通器原理，将两个相同的壶体紧密地结合在一起，表现了先民互通有无、互惠互利、你中有我、我中有你、平等和谐、患难与共、天人合一的哲学思想观念，被誉为"中国彩陶之冠"，千古孤品，盖世卓尔。类似双连壶的器物，在青海、甘肃等地也有发现。如青海省民和县川口公社大源大队征集的甘肃仰韶文化马厂类型双连杯，泥质红陶，素面，器身用两个小罐并列连接，腹部由一横柄和一弓形提梁连接，未贯通。甘肃省临洮冯家坪出土齐家文化双连杯，泥质褐陶，两个罐形杯连在一起，器身表面刻画对称的"人首蛇身"像，旁边还各画一对倾斜状的图样。

关于彩陶双连壶及类似双连杯的功能用途，学者普遍认为应为酒器，且用于十分特殊的场合。如有学者认为，彩陶双连壶和齐家文化双连杯具有云南独龙族双耳直筒杯和台湾高山族木雕双连杯相同的用途，是部落或氏族间酋长或主人为庆贺某种活动共饮使用的酒器。有学者认为，彩陶双连壶是部落结盟时，首领对饮所独享的酒具，纹饰的差异用以区分部落。"生死之交一壶酒"，彩陶双连壶代表着和平、沟通。也有学者从此类双连器的发展脉络研究，认为彩陶双连壶是连理杯，即新婚夫妇合饮之杯，不过也不排除共食共饮的意思。类似彩陶双连壶的这种饮酒（水）器在我国当今部分少数民族中仍有沿用，两人各衔一壶同时饮用，以作为友好、团结、联合及爱情的象征。

中国是酒文化发源地，也是世界上最早酿酒的国家之一。晋人江统所著《酒诰》中载："酒之所兴，肇自上皇，或云仪狄，一曰杜康。有饭不尽，委余空桑，郁积成味，久蓄气芳。本出于此，不由奇方。

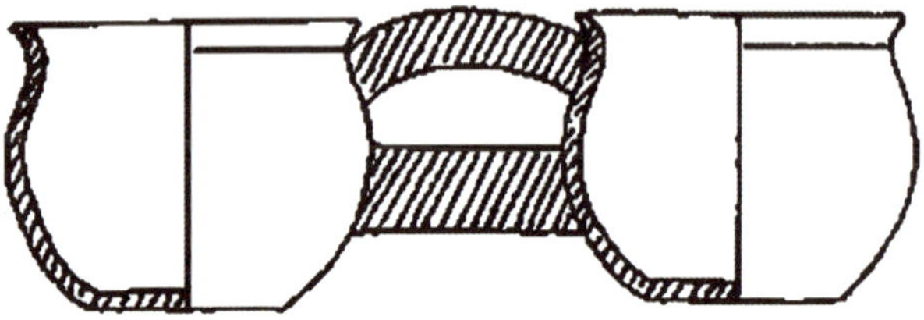

青海省民和县川口公社大源大队征集的甘肃仰韶文化马厂类型双连杯

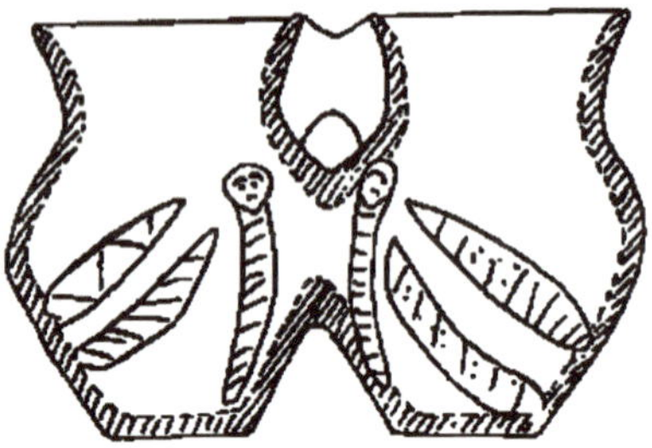

甘肃省临洮冯家坪出土齐家文化双连杯

历代悠远，经口弥长，稽古五帝，上迈三皇。虽曰贤圣，亦咸斯尝。”“三皇”指上古时期羲皇伏羲氏、黄帝轩辕氏、炎帝神农氏。《黄帝内经》中有“上古圣人作汤液醪醴”的说法，而且讨论了酒的养生治病理论。“醪醴”指米酒，黄酒的初始形态。“仪狄”是夏禹时期掌管酿酒的官员。《世本》应劭记：“仪狄始作酒醪，变五味。少康作秫酒。”《战国策·魏策》中载：“昔者，帝女令仪狄作酒而美，进之禹，禹饮而甘之，遂疏仪狄，绝旨酒，曰：后世必有以酒亡其国者。”汉代许慎在《说文解字》中也有同样的说法。“杜康”，夏代第五代国君少康。《世本》《说文解字》都有“少康作秫酒”的说法。这是文献中所见关于酒的较早记载。

考古发掘中，河南舞阳贾湖遗址的发现，揭示了我国史前酿酒的实物依据。通过对贾湖遗址中 16 个陶器底部残片进行残留物提取和分析，专家们确认贾湖陶器盛放的是一种加工过的饮料，这种饮料由大米、蜂蜜和一种果实制成。而遗址中出土的小口双耳类器物可能是被用作加工、储存和盛放这种发酵饮料用的。由此，这些酒类饮品的产生可以追溯到公元前 7000 年左右，表明在远古时期先民已经掌握了谷物酒的酿造技术。

那么，仰韶文化中是否还有用于盛酒的其他器型呢？仰韶时期先民在日常生活和重要活动中又是如何饮酒的呢？刘莉教授研究认为，遍布黄河中游地区，延续整个仰韶时期2000多年，分布极为广泛的尖底陶瓶，既是酿酒器、贮酒器，又是饮酒器。

在人类社会发展历程中，世界文明体现出惊人的共通性：考古发现表明，古埃及人和苏美尔人也使用小口尖底形陶器饮酒。在一片6000年前的印记图像上，有两个人使用吸管从一个巨大的小口尖底器中吸取饮料，这一图像被解释为最早的饮酒证据。在两河流域较晚的印章图像中，类似的多人使用吸管从尖底器中饮酒的例证更加丰富，使用吸管饮酒的图像也见于古埃及。吸管大多用芦苇制作，也有陶制。吸管的端部还装有过滤头，可以避免吸入酒液中的渣滓（如谷壳），在考古遗址中较常发现的过滤头一般是骨制或铜制的。在乌尔王朝墓葬群的一个女性祭师墓中还随葬有一件金质吸管。显然，不论社会地位高低，使用吸管饮酒是当时的流行风尚。

中国西南地区也有吸管群饮的传统，称为咂酒，吸管用芦苇或竹子做成。流行于羌、藏、土家、黎、苗等许多少数民族地区。这一饮酒方式也见于东南亚地区，如越南。由此可见，咂酒群饮是一种古老的饮酒方式，流行于世界许多地区。其价值取向是强调集体利益，团结向心，巩固联盟，是以集体为本位的文化传统。

仰韶文化中晚期社会进一步复杂化发展，许多仰韶文化大型遗址都有大型宫殿式建筑，并有进行礼仪活动的遗存、遗物。如河南灵宝西坡遗址（仰韶中期）和甘肃秦安大地湾遗址（仰韶晚期）都发现具有礼仪功能的大型建筑。彩陶双连壶出土于有套间的连间房屋（F1—F4）中，并伴随其他彩陶、陶器，推测彩陶双连壶也是共饮的酒具，此处房屋是重要的共饮场所。仰韶文化共饮的饮酒方式是一种强调和维护群体利益的方法，与整个仰韶文化的社会价值取向一致。

贾湖遗址出土的小口双耳类圆腹壶

贾湖遗址出土的小口双耳类折肩壶

随着仰韶文化过渡至龙山文化，使用尖底瓶咂酒群饮的风尚也随之削弱并逐渐消失。步入青铜时代，二里头文化时期，青铜容器成为最高等级的礼器，爵、鬶和盉是首先出现的器形。它们的形制继承了同样的陶礼器的形态，反映出酒器在传统礼仪中的核心地位。从二里头时期，经二里岗时期再到殷墟时期，最常见的酒器以爵、觚、鬶、盉等为代表，墓葬中随葬酒器的多寡往往彰显墓主人等级身份的高低，与新石器时代东部地区以个人为本位的饮酒方式和酒器在随葬品中代表社会等级的传统一脉相承。这种饮酒方式后来成为中国礼制传统中注重社会等级关系的价值取向，是中华文明的重要组成部分。而咂酒群饮的风俗仅在社会制度相对平等的西南地区少数民族中得以保存延续。

彩陶双连壶用传统的举壶饮用法十分不便，双人同饮更难以进行，简直是“不可能完成的任务”。根据刘莉教授的研究结果和现有民族学资料，我们不妨大胆地推测：彩陶双连壶的使用应该是有吸管配合的，部落联盟或是重要仪式中，双方共同举壶，辅以吸管，共饮壶中美酒，寓意同心结盟，荣辱与共。

黄河是中华民族的母亲河，孕育滋养着中华民族文化从过往走向现在。植根于黄河流域的黄河文化是中华文明最具代表性和影响力的主体文化，黄河文化是中华文明之根，黄河流域的中原地区则是主根主脉。从新石器时代起，中华文明就开始逐渐形成以中原沿黄地区为中心的历史发展趋势，而后随着多民族的融合以及中原地区与周边的文化互动，中原文化在广泛的交流融合中，不断扩展蔓延，最终汇聚成强大的民族力量。

河南博物院

向祎　贺传凯

参考资料：

1. 郑州市文物考古研究所编著：《郑州大河村》（上），科学出版社 2001 年版。

2. 王炜林：《彩陶与史前中国的文化融合》，《文博》2020 年第 3 期。

3. 于可心：《大河村遗址出土仰韶文化彩陶研究》，郑州大学 2020 年硕士论文。

4. 王子今：《秦汉时代的双边杯及其民俗学意义》，《考古与文物》1986 年第 5 期。

5. 栾丰实：《试论仰韶时代东方与中原的关系》，《考古》1996 年第 4 期。

6. 靳松安：《河洛与海岱地区考古学文化的交流与融合》，郑州大学 2005

年博士论文。

7. 许永杰：《距今五千年前后文化迁徙现象初探》，《考古学报》2010 年第 2 期。

8. 贺传凯、杨广帅：《试析大河村遗址彩陶双连壶的来源》，《黄河 黄土 黄种人》2021 年第 2 期。

9. 李仰松：《试谈我国新石器时代出土的“双连杯”和“三耳杯”及其有关问题》，《中原文物》1980 年第 4 期。

10. 张建民、闫新法：《生死之交一壶酒 彩陶双连壶》，《文明》2007 年第 7 期。

11. 王砾：《连理杯》，《文物天地》2003 年第 3 期。

12. 河南省文物考古研究院、中国科学技术大学科技史与科技考古系编著：《舞阳贾湖（二）》，科学出版社 2015 年版。

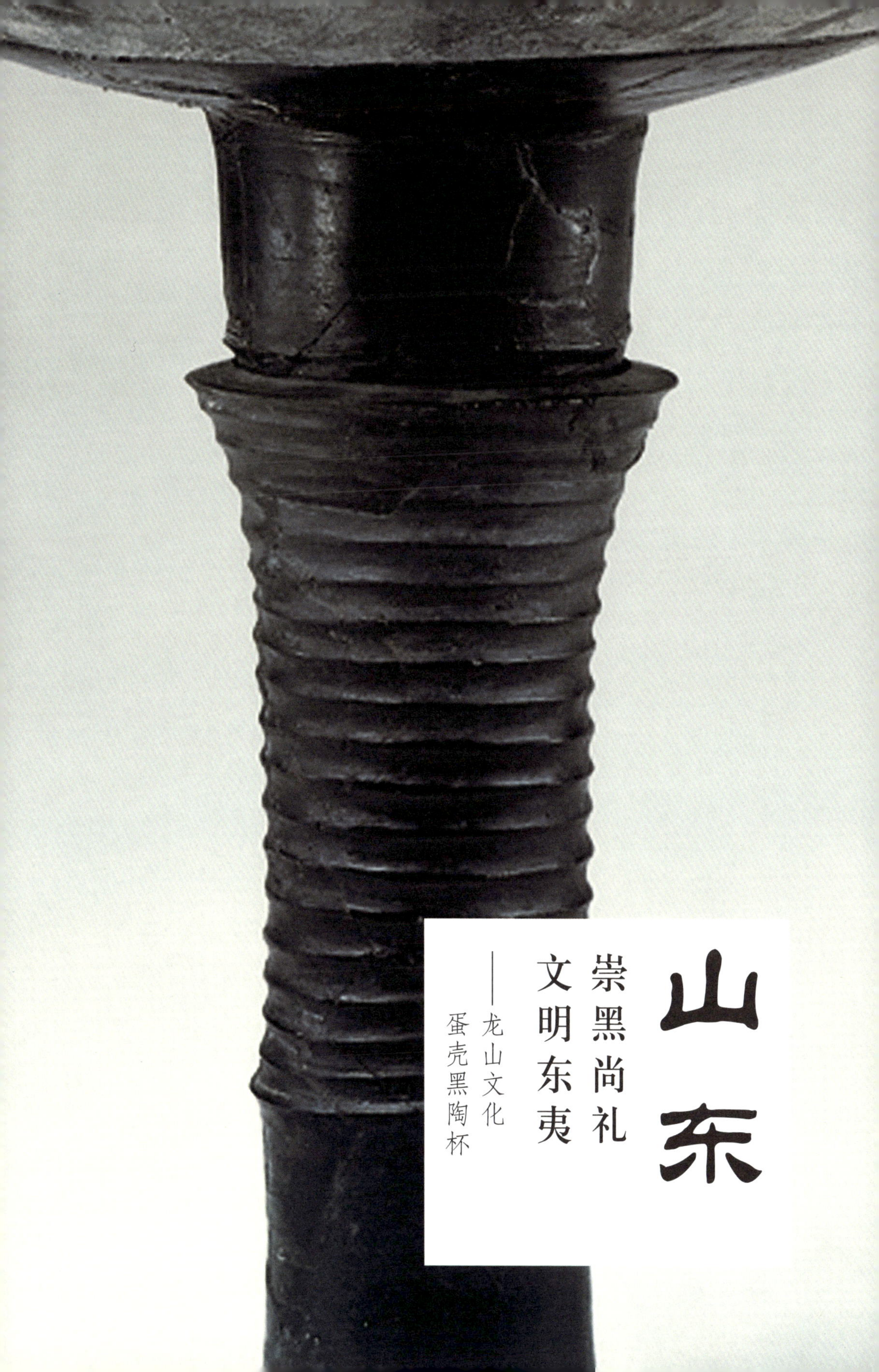

山东

崇黑尚礼 文明东夷

——龙山文化蛋壳黑陶杯

山东，简称“鲁”，地处黄河下游。黄河流经山东九市，共计628千米，并由此注入渤海。历史上，黄河入海口多次改道，扫出一个巨大的扇面，这个扇面就是齐鲁大地，几乎每一次黄河决口改道，齐鲁大地都会成为泽国。但充足的水源、宜人的气候、平坦的地势、肥沃的土壤也造就了早期农业文明，孕育而生了齐鲁文化。从这里走出来的儒家文化，已成为中华文化的主体，深深影响着世界。

龙山文化距今约4600—4000年，其文化发展程度在当时整个黄河流域居于领先地位，并对周边地区的文化演进造成强烈影响。黄河不断改道，对东夷人创造的山东龙山文化的发展进程也产生了不容忽视的影响。山东龙山文化以蛋壳黑陶闻名，其主要出土于山东中东部及东南部等部分地区，其“薄如纸、硬如瓷、明如镜、黑如漆”的特性至今难以超越，是东夷文化最耀眼、最富有标志性的文化符号。

崇黑尚礼　文明东夷

——龙山文化蛋壳黑陶杯

蛋壳黑陶杯，现藏山东博物馆，出土于姚官庄遗址东区探方，高17厘米，口径11.9厘米。整器由两部分套合而成，器壁薄如蛋壳，杯身作宽沿，直壁圜底，下承圆筒状且两端外侈的杯柄，高柄上饰平行凹弦纹数周，弦纹均匀流畅，节奏感十足。通观之，整器乌黑光亮、端庄大气、连贯和谐，给人一种低调奢华的美感。

蛋壳黑陶杯是新石器时代典型龙山文化的代表作，其器形相对固定，造型空灵、体态优美，多由盘口、杯部、器柄、底座四部分组成，独特的大盘口是其器形的突出特点。在装饰方面崇尚简约，杯身多素面，高柄部分多饰有镂孔、刻画纹等纹饰，有的饰以竹节纹、波纹和弦纹等，部分杯体与高柄之间粘接而成，也有将杯柄套入杯体的套杯式。其主要特点可用五个字概括，即黑、光、亮、薄、轻。

蛋壳黑陶杯的发现

蛋壳黑陶杯主要发现于海岱地区龙山文化。海岱地区位于黄河和淮

蛋壳黑陶杯　龙山文化　1960 年出土于姚官庄遗址

河下游，空间分布上以泰沂山系为中心。海岱地区史前文化自成体系，是构成中国新石器时代文化的几个主要区系之一，这一体系先后经历了后李文化、北辛文化、大汶口文化、龙山文化和岳石文化五个时期。龙山文化所处年代约为距今4600—4000年，其文化发展程度，在当时整个黄河流域居于领先地位，是海岱地区史前文化发展的鼎盛时期。一般认为，龙山文化时期与古史传说中的“唐尧虞舜”时代相联系。历史上，黄河不断改道，对山东龙山文化的发展进程产生了不容忽视的影响。据文献记载和考古研究发现，龙山文化晚期，黄河下游地区发生了一次持续若干年的特大洪水灾难，《史记 · 夏本纪》云：“当帝尧之时，鸿水滔天。”《孟子 · 滕文公上》云：“当尧之时，天下犹未平，洪水横流，泛滥于天下……禹疏九河，瀹济漯，而注诸海；决汝汉，排淮泗，而注之江。”大禹治水的故事至今广为流传。有学者研究指出：“如果4000多年前不发生这次大洪水，我国最初的王朝也许而且应该是由东夷建立的。”

目前，大量的考古发现和研究证实，在龙山文化时代，东夷人在山东确实创造了一段辉煌的历史，彼时的社会经济、政治和文化得到了长足的发展，使山东龙山文化迈进了文明时代的门槛，尤其是其制陶技术无与伦比，蛋壳黑陶杯的制作更是登上了中国乃至世界史前制陶的技术巅峰，其“薄如纸、硬如瓷、明如镜、黑如漆”的特性至今难以超越，创造了一个时代的奇迹。

姚官庄遗址的发掘

姚官庄遗址发掘前，对龙山文化较大规模的重要发掘有两次。第一次是对山东济南龙山镇城子崖遗址的发掘，此次发掘中首次发现蛋壳黑陶残片，经测量，这些残片厚度不超过0.2毫米，乌黑发亮，给人一种至纯至坚之美。当时的考古学者生动概括出它们的特点，并赋予它们一个生动的名字——“蛋壳陶”。城子崖遗址的发现归功于我国第一代考古学家吴金鼎先生。1928 年春，吴金鼎先生到章丘龙山，考察两汉时期济南国的国都旧址——东平陵故城，在城子崖的沟壁上发现一条延续数米的古文化地层带，经过再次考察，初步确认此处为一新石器时代遗址。从 1928 年到 1929 年，吴金鼎先生六赴龙山，对城子崖遗址及周边环境进行全面而周详的调查和记录。在调查过程中，吴金鼎先生注意到磨光黑陶的存在，并将磨光黑陶定义为龙山文化的代表性特点。1930 年 11 月，由中央研究院与山东省政府合组成立的山东古迹研究会龙山考古队对城子崖遗址进行正式的考古发掘，发掘历时 1 个月，出土文物 2 万余件，以陶器为主，此外还有骨角器、蚌器、石器等。黑陶的发现确立了龙山文化，使城子崖遗址闻名于世，成为

吴金鼎

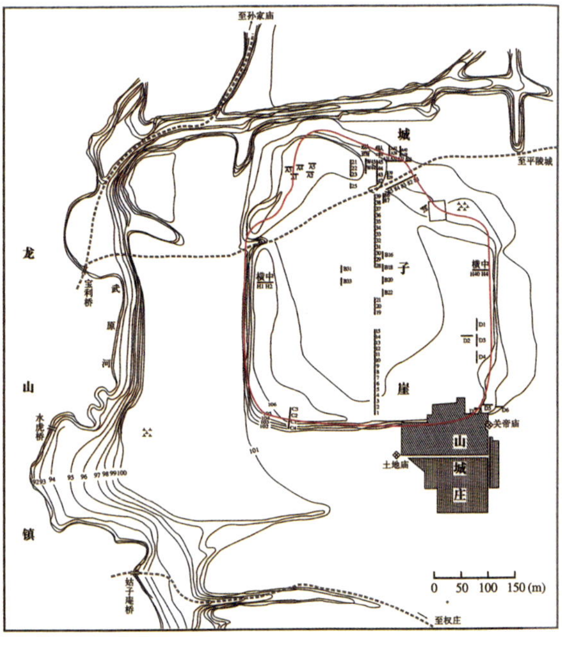

城子崖遗址 20 世纪 30 年代发掘布方示意图（图片摘自《城子崖——山东历城县龙山镇之黑陶文化遗址》）

举世公认的考古圣地。第二次是对日照两城镇遗址的发掘，1936 年，由史语所梁思永、祁延霈和尹达主持。因 1937 年日军大举入侵，尹达先生执笔的发掘报告最终未能出版。此后山东龙山文化的考古发掘工作进展缓慢，对蛋壳黑陶的认识也十分有限。20 世纪 60 年代以后，山东地区的考古调查和发掘工作逐渐复苏。而姚官庄遗址发掘即是山东地区考古工作复苏之初开展的一次较大规模的科学发掘，20 世纪 80 年代以前，人们对龙山文化的认识，主要建立在姚官庄遗址发掘资料的基础之上，是山东史前考古链上的重要一环。

姚官庄遗址位于潍坊市南，白浪河西岸，姚官庄村东北半公里处，面积约 10 万平方米。1960 年 3 月至 7 月，山东省文物管理处会同中国科学院考古研究所山东队以及省和地区合办的文物考古训练班共同发掘。当时发掘了东、中、西三个区域，发掘面积约 1700 平方米，出土遗物丰富，主要是龙山文化遗存，文化遗物出土于地层、灰坑和墓葬中。发掘龙山文化墓葬数量不多，共 12 座，均为单人葬，竖穴土坑墓，随葬器物不丰富，各墓随葬品数量多寡有别，有石器和陶器等。出土陶器以泥质和夹砂黑陶为主，细泥黑陶，泥质和夹砂灰陶次之，橙红色陶和黄白色陶极少，一般火候较高，陶质坚硬。大多素面磨光，纹饰见有弦纹、划纹、压划纹及附加堆纹等，篮纹只在大型器物上有部分发现，主要器形有鬶、盉、鼎、甗、瓮、杯、碗、盆、盘、豆、尊形器等。在出土的所有器物中，最引人注目的就是蛋壳陶完整器的出土，此次出土的蛋壳黑陶杯，为山东龙山文化首次发现的可复原完整的蛋壳陶器，从此揭开了蛋壳陶的神秘面纱，使人们有幸一睹蛋壳陶的芳容。

姚官庄遗址可复原的蛋壳黑陶杯共 3 件，全部是细泥黑陶，胎壁厚 0.5—1 毫米，火候极高，质地坚硬，敲之有铿锵声。前图所示的蛋壳黑陶杯出土于东区探方中，另外 2 件出土于 M10。在发掘的 12 座龙

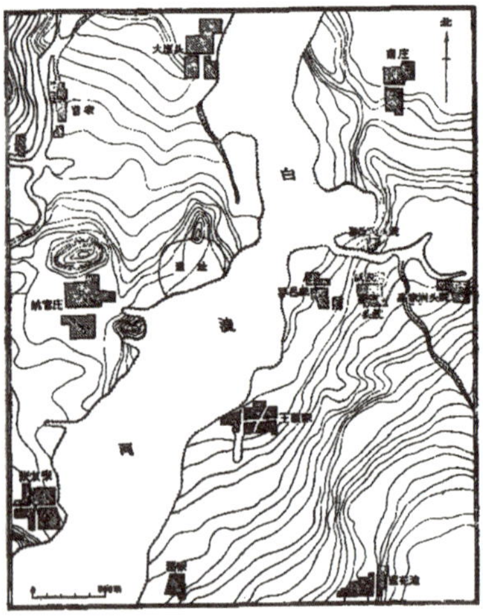

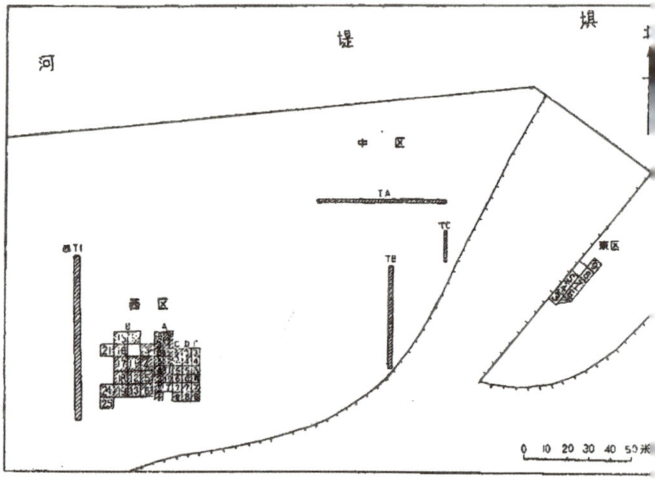

姚官庄遗址位置图　　姚官庄遗址发掘坑位图
（以上两图摘自《山东姚官庄遗址发掘报告》）

山文化墓葬中，M10 出土器物最为丰富，除 2 件蛋壳黑陶杯外，还有鼎、豆、杯、壶形器，瓶和石铲、石箭头等，共计 9 件。M10 所出蛋壳黑陶杯，其中一件形制如酒杯，口径 14.2 厘米，高 12.4 厘米，器形较为矮胖，由上下两部分套合而成，杯口作宽平沿，杯身及器底像极了现代的小酒杯，上饰平行弦纹数周，弦纹间又装饰几何形镂雕和成组的刻纹，设计精巧，现代感极强。另外一件蛋壳黑陶杯，口径 11.3 厘米，高 12.7 厘米，亦为宽平沿，直筒形回圜底杯，下连一豆形器座，座上部透雕三角纹和菱形组成的宽带图案，器身线条流畅，纹饰疏密有致，充满艺术感。姚官庄遗址出土的 3 件蛋壳黑陶杯均为国家一级文物。

出土蛋壳黑陶杯的其他遗址及典型器物

蛋壳黑陶杯作为仅存于山东龙山文化时代的巅峰之作，存世数量

M10 出土的蛋壳黑陶杯 1

M10 出土的蛋壳黑陶杯 2

极少，山东博物馆收藏和展示的蛋壳黑陶杯总数有 10 余件，除姚官庄遗址出土的蛋壳黑陶杯外，还有临沂大范庄遗址、日照东海峪遗址和安丘峒峪遗址都有出土。

东海峪遗址位于山东日照，考古队于 1973 年和 1975 年两次对其进行了发掘。在东海峪遗址，龙山文化遗存以房屋和墓葬为主，出土陶器以素面为主，纹饰主要是弦纹、附加堆纹和压纹，器形有鼎、罐、豆、瓮、鬶、甗、杯及器盖等。鼎足以鸟首形和半空心圆锥体形者居多，同时伴出石刀、石镞等磨制石器。根据发掘简报，该遗址出土蛋壳黑陶高柄杯 4 件，分别出于 4 座墓葬。目前所见的蛋壳黑陶杯中，最精美的一件便出土于日照东海峪遗址。此件蛋壳黑陶杯体态修长、造型优美、通体乌黑，泛着金属般的光泽。其口沿宽斜外侈，下接“U”形杯身，杯身上装饰数道凹弦纹，大气简约，杯柄为细管形高柄，圈足底座；高柄中部隆起，其上以细密的镂孔为饰，隆起部分不仅增添了装饰性，同时起到了稳定重心的作用，加强了细杯柄的承托性和稳定性，其内暗藏一粒陶珠，杯身晃动时，陶珠碰撞杯体会发出清脆悦耳的

东海峪遗址出土的蛋壳黑陶高柄杯

响声，设计独特、构思巧妙，是一件绝无仅有的古代艺术珍品。

临沂大范庄遗址位于山东省临沂市东 20 千米处，1973 年发掘清理墓葬 26 座，共出土器物 768 件，其中陶器 725 件，夹砂灰陶最多，泥质黑陶次之，夹砂白陶和夹砂红陶较少，器表多为素面，仅有个别的划纹和绳纹，计有背壶、瓶、杯、鼎、碗、匜、鬶、豆等器形。各墓的随葬品数量不等，最多的 M17 有 85 件随葬品，最少的 M16 仅有夹砂灰陶盆 1 件随葬品。其中有 19 座墓中出土蛋壳黑陶杯，墓中的蛋壳黑陶杯多与陶鬶放在一起，均为细泥黑陶，火候高，胎壁薄，一般厚度在 1—1.5 毫米，口沿尤薄，在 0.05 厘米左右，重量多在 50—70 克。其中，M23 出土蛋壳黑陶杯 5 件，M17 出土 4 件，M27 出土 3 件，M25 出土 2 件，M3、M18 等 15 座墓各出土 1 件，共出土 29 件，可谓蔚为大观。

山东博物馆藏临沂大范庄遗址出土的蛋壳黑陶高柄镂孔杯有 4 件，一件为高柄镂孔杯，宽平沿外张、筒状腹、柄部中空，上下各一细束腰，鼓起部分满饰竖条形镂孔，台阶形圈足。镂孔设计感极强，共七横排，上下交错排列，生动空灵、均匀美观。另一件亦为宽平沿，深腹杯身，圆筒状杯柄，其上以镂刻为装饰，杯身上下疏密呼应，和谐美观。

另外，山东博物馆还收藏 1 件安丘峒峪遗址出土的蛋壳黑陶杯，此件黑陶杯造型简约轻灵，大口沿向上外侈，筒形杯身及杯柄，杯体下部斜收，通体装饰平行弦纹，中部以镂孔为饰，素雅古拙、简约自然。

除上述遗址，根据现代考古学积累的资料，出土蛋壳陶的遗址还有胶州三里河、诸城呈子、临朐西朱封、泗水尹家城、兖州西吴寺、昌乐邹家庄、潍坊狮子行等处。另外，经调查、清理和采集而获有零星资料的遗址有潍县鲁家口、寿光火山埠和埠子顶、五莲丹土、诸城尚庄等处。

大范庄遗址出土的蛋壳黑陶高柄镂孔杯 1

大范庄遗址出土的蛋壳黑陶高柄镂孔杯 2

峒峪遗址出土的蛋壳黑陶杯

从上述遗址分析，蛋壳黑陶杯主要集中分布在山东的中东部和东南部近海地区。蛋壳黑陶杯的出土地点相对集中，在一定程度上说明蛋壳黑陶杯的制作、流通和使用有一定范围。作为当时顶尖的陶器产品，蛋壳黑陶杯流通的这个范围很可能就代表了当时的政治、经济和文化中心。

蛋壳黑陶杯的器形来源

山东地区的史前文化，历经

后李文化、北辛文化、大汶口文化、龙山文化等不同的发展阶段，一脉相承，构建起中国最完整的史前文化发展谱系。龙山文化承袭大汶口文化发展而来，大汶口文化时期制陶业的迅猛发展，为龙山文化蛋壳黑陶杯的出现提供了技术支持和灵感来源。

黑陶是大汶口文化中极具特色的陶器，大汶口文化黑陶制作采用轮制技术，出现并发展了磨光工艺，所制黑陶，器形规整、乌黑光亮、造型生动，其中薄胎磨光镂孔黑陶高柄杯的出现，集中展现了大汶口文化制陶工艺的最高水平，开创了龙山文化蛋壳黑陶高柄杯的先河。

在大汶口文化黑陶的基础上，龙山文化黑陶迅速成长壮大。龙山文化黑陶承袭了大汶口文化黑陶的造型和制作工艺，器形更加丰富，制陶技艺更加精进，以大汶口文化黑陶高柄杯为原型，将薄胎工艺发展到极致，创烧出了举世无双的蛋壳黑陶杯，带领山东地区史前时期

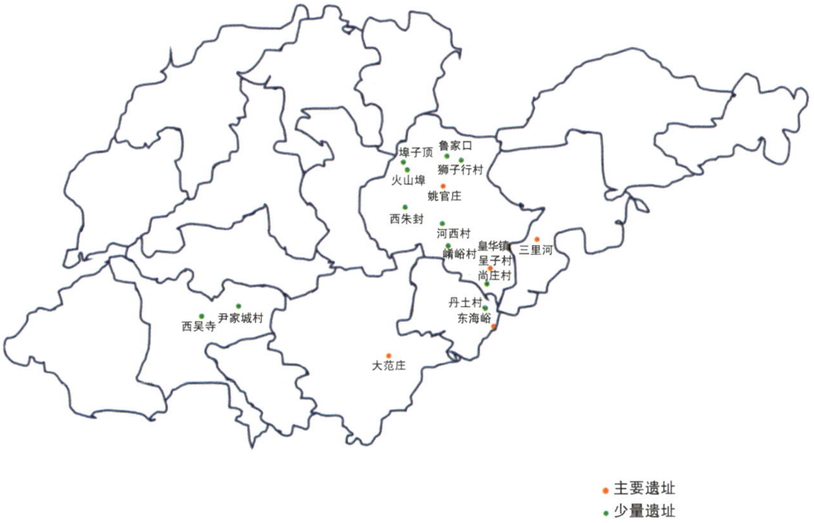

山东龙山文化蛋壳黑陶杯出土地点分布图

黑陶镂孔豆

的制陶业走上了中国乃至世界史前制陶的巅峰，对人类文明的发展与进步做出了不可磨灭的贡献。

举世无双的制作工艺

蛋壳黑陶杯追求极简至美的艺术效果，器形相对固定，简约而不简单，从纯度到质感再到设计，追求极致的制作品质，其制作工艺之高，至今无法超越，不仅是山东第一，也是中国第一，在世界制陶史上也无出其右者，堪称艺术瑰宝、民族骄傲。

黑陶高柄镂孔盖杯

陶胎之薄无与伦比

蛋壳黑陶杯以其薄而闻名于世，正如蛋壳陶的名称所概括的那样，其陶胎薄如蛋壳，最薄处多在盘口部分，薄至0.2—0.3毫米，一般在0.5毫米左右，柄部和底座因承托的需要略厚，一般也不超过1—2毫米，陶胎之薄，无与伦比。制作如此之薄的陶坯，在龙山文化那个没有电力、没有机械、没有化学试剂，所有工序都靠手工完成的时代，是一件极具挑战性的事情。经专家多年来的研究和模拟实验，蛋壳黑陶杯陶胎的薄制成型得益于陶泥的选择，以及快轮拉坯和修坯技术的运用。

熟悉制陶的人都知道，陶器制作大致要经历揉泥、拉坯、装饰、烧制等几个关键步骤。陶泥的选择对陶器的性质起着决定性的作用。新石器时代的陶器，依陶质大致可分为夹砂陶和泥质陶两大类，夹砂陶的陶土一般不加淘洗，含砂量大，成器较粗糙。泥质陶的陶土经过选择淘洗，成器更温润细腻。蛋壳黑陶杯，均为细泥质陶，且对陶泥的要求十分苛刻。有研究认为，黑陶高柄杯所用的原料是远古居民从居住点附近的河、溪、沟、泽之中或是野地里采集而来的，这些黏土属于漂积土，一般的黑陶高柄杯，其黏土细度在200目以下，蛋壳黑陶杯所选用的黏土，其细度可达300目，且陶坯越薄，所选用的黏土越细。

有了陶土，下一步是制坯。拉坯是陶器塑形的关键，是轮制技术出现以后的产物。轮制技术出现以前，古人制陶多采用捏塑法、模制法、泥条盘筑法等。泥条盘筑法是一种古老的制陶工艺，用这种方法制成的器物，器形不甚规整，陶胎厚薄不均匀，内壁往往留有泥条盘筑的痕迹。在山东地区，泥条盘筑法制陶盛行于大汶口文化早期及以前阶段，大汶口文化中期阶段，轮制技术出现并快速发展，至晚期发展为快轮制陶。快轮制陶被视为原始手工业的一次重大革命，为制陶业打开了一片广阔的天地。蛋壳黑陶杯即是运用快轮技术成形的，其盘口、杯部、器柄和底座等部分采用了分段轮制而后组装成型的方式，我们在杯和柄之间可以看到明显的粘接痕迹。这种分段轮制再组装的方式展现了龙山文化时代陶工对陶器造型高超的控制能力和非凡的粘接技术。

蛋壳黑陶杯轮制成形后，为了达到更加匀薄的造型效果，修坯工序必不可少。修坯会使陶坯不断减薄，有学者认为，在拉坯的基础上，对某些特殊的、小件的陶器进行特别加工，大约就是蛋壳陶所以能够出现的原因了。快轮拉坯或修坯时，手或工具会在器物上自然地留下许多均匀的同心圆状的旋纹，这些旋纹随着快轮的转动和坯体的变化而变化，如涟漪般绵绵不断，见证了陶土“成长”为陶坯的全过程，给人以蓬勃向上的律动感。

蛋壳黑陶杯经过拉坯成形和修坯之后，为了达到更加美观匀实的效果，还要经过一道研光工艺。工匠们用光滑的工具在坯体表面进行精细打磨和抛光处理，使器物表面光滑发亮。经过研光后的胎体表面致密光洁、细腻莹润，产生了具有金属光泽的视觉效果，熠熠生辉。

现在，经过多年研究和古法制陶实验，人们对蛋壳黑陶杯的薄制工艺已经有较多了解，但是目前为止，拉坯所用的陶轮、轮盘等仍然未见实物，蛋壳黑陶杯的真实制作过程也还有很多未解之谜，龙山文化蛋壳黑陶杯之薄仍是现代人无法完全复制和难以企及的技术高峰。

通体乌黑，表里如一

除了薄，黑也是蛋壳黑陶杯最重要的特点之一，与黑皮陶的黑不同，蛋壳黑陶杯的黑，极为纯粹，通体乌黑，表里如一。研究表明，在技术的呈现上，蛋壳黑陶杯之所以通体黑色，主要靠窑温控制以及高温渗碳技术。

黑陶的烧制过程对于窑温火候的控制要求极高，火候一旦控制不好，就会出现炸裂和变形。一般学界认为，蛋壳黑陶杯的烧制，窑室温度要到 1000℃左右。同时，如何把胎薄易碎的陶坯放入窑室也是一个难题。现代研究发现，使用专用匣钵烧制或许是解决蛋壳黑陶杯烧制技术的关键。龙山文化匣钵的实物曾在诸城杨家子遗址中采集到 2 件。这 2 个匣钵为喇叭口的桶状体，均为耐高温的夹砂陶，有比较良好的热稳定性和热传导性，不仅可以保护陶坯不受燃烧气流的冲击和火焰的直接舔烧，还能保证陶坯均匀受热。喇叭口的设计对陶坯最脆弱的口沿部分起到承托作用，使陶器在烧成的收缩过程中不易变形和损坏，也便于陶坯成色。

另外，各色陶器的烧制，与陶窑结构、烧制方法有关。根据土法制陶的经验，红色陶器是敞开窑顶烧制的，灰、黑色陶器则是在敞烧到一定程度之后，封闭窑顶和进行渗碳实现的。黑陶之所以呈现黑色，高温渗碳是技术关键。高温渗碳是在强还原焰气氛中完成的。具体做法是：在烧窑后期，封闭陶窑的排烟孔，人为造成窑内通风不良的缺氧状态，使木柴在烧制过程中产生大量黑色浓烟，浓烟中的微小炭粒不断被陶胎空隙吸附，并在吸附作用下不断向陶胎内部扩散，从而形成胎体致密、内外均黑的黑陶。为了更好地促使陶胎渗碳，除封窑之外，龙山人很可能还采用从窑顶注水的方式，熄灭木炭的明火，以产生更多更密的浓烟。对于渗碳技术的掌握，龙山人已经达到出神入化的境界，后世制陶者至今难以模仿。

蛋壳黑陶杯承载的文化内涵

凝聚东夷人的智慧与信仰

龙山文化蛋壳黑陶杯的制作者是古东夷人。东夷是一个由众多氏族部落组成的、极其庞大的夷人部落集团，称为“东夷族”。古东夷族的发源地和聚居地均为山东，古东夷人是生活在山东历史悠久的土著居民。在史前时期，勤劳智慧的东夷人在山东地区创造了灿烂的古文化。黑陶之所以被制作成黑色，与东夷人“尚黑”的习俗密不可分。

关于东夷各部族的尚黑习俗，在古代典籍中有许多记载。如《山海经》《淮南子》中记载，海外三十六国，自东南至东北，依次有黑齿国、玄股国等，并说北海之内，有大玄之山，有玄丘之民，有大幽之国。大意是说，东北及渤海、黄海沿岸，住着一些部落，其居民皮肤黑，着黑衣，以黑为时尚。许多人名也都与黑色相关，如有仍国首领夫妇生下的女儿，面黑长发，国人皆曰非常美丽，光可照人，起名叫玄妻。中国古代的“三皇五帝”时代与考古学上的龙山文化时代相当。炎黄二帝战蚩尤时，曾有“人首鸟形”的“九天玄女”前来助战。另外，古籍记载，有虞氏、夏后氏都尚黑，韩非子说舜和禹都在木制饮食器、祭器外面涂漆，应当也是指其尚黑之意。

黑色天然带有庄严、肃穆、神秘的色彩，对于“尚黑”的原起，有许多不同的解释。有学者指出，东夷先民尚黑的传统或许来源于原始图腾崇拜。据研究，古东夷族所崇拜的鸟，以燕、凤为最高代表，凤是经过神化、综合后的图腾形象，而最原始的图腾是燕，灵动活泼、飘逸翩跹的燕鸟与人们生活在一起，受到人们的喜爱，它们凌空飞翔的本领为人类所向往，人们在喜欢崇拜燕鸟形象的同时，也对燕鸟的颜色——黑色，产生了向往崇敬之情。

东夷人以鸟为图腾，在考古发掘中有明显的体现，最有说服力的就是各类鸟形器的出现。其中陶鬶起源于海岱，完善于海岱，长期为东夷人所钟情，被称为东方文化的“标准化石”。山东博物馆收藏有数量可观的新石器时代陶鬶，例如1959年泰安大汶口文化遗址出土的红陶袋足鬶，1960年潍坊姚官庄遗址出土的乳钉纹橙黄陶鬶、橙黄陶长流鬶等。有学者认为精工制造的高品位陶鬶，特别是白陶鬶，极有可能是代表燕、凤形象的祭祖重器，在祭器的组合中具有无与伦比的地位。经过大汶口文化时期的积淀，到山东龙山文化时期，陶鬶得到更充分的发展，造型结构更趋合理，外观装饰更具有艺术性，审美功能和意义较前期有了更大的提高，其独特的形象、丰富的内涵，以及神秘的宗教与艺术魅力，至今仍耐人寻味。除陶鬶以外，考古发掘中出土的大量被称为“鬼脸式”的鼎，其鼎足也是抽象的鸟形，鸟形陶鬶和鸟形鼎足体现了龙山文化显著的时代特征。

除认为东夷人对黑色的钟爱与图腾崇拜有关外，还有人认为东夷人尚黑与古人的敬天意识有关。《易·坤》言：“夫玄黄者，天地之杂也，天玄而地黄。”由于黑色为天的颜色，所以导致了史前先民对它的崇拜，因此作为礼器的黑陶之黑色很可能与先民的敬天意识有关，是沟通天地仪式的一部分。还有人认为“尚黑”审美心理萌芽于“灵魂不死”的生死观，带有深厚的原始宗教情结。把陶器制成黑色，蕴含着史前先民对死亡的恐惧与敬畏，又有对超越死亡、获得永生的向往与追求。

无论黑陶之黑的真正来源是什么，它所体现的都是先民的精神追求，是在烧陶工艺高度发展的前提下有意识的人为结果，体现了史前工匠精湛的制陶技术和无比的智慧，承载着史前先民纯真的信仰和对

姚官庄遗址出土的乳钉纹橙黄陶鬶

姚官庄遗址出土的橙黄陶长流鬶

白陶鬶

鸟喙足黑陶鼎

美好生活的追求和向往，是古东夷人精神追求与技术碰撞后开出的黑色之花，在智慧和信仰的双重浇灌下惊艳绽放。

反映龙山时代复杂的社会生活

蛋壳黑陶杯多出土于墓葬中，墓葬是史前考古发现中最为重要的文化遗存，体现了古人的生死观，同时也昭示着当时社会的发展程度和等级分化等重要信息。对龙山文化出土蛋壳黑陶杯的墓葬进行分析，可以一窥龙山文化时代的丧葬礼俗、社会分层、贫富分化和社会发展等情况。

从考古发现可知，龙山文化的墓葬存在等级分化现象，如诸城呈子遗址，共发掘龙山文化墓葬 87 座，均为单人葬，大墓有二层台的有 11 座，多数是较大型墓，发现有木椁或椁灰痕迹的有 10 座，凡有葬具者皆有二层台，随葬器物以陶器为主。在大型墓和小型墓中，随葬品的多少、摆放位置和随葬品的精细程度都有所不同，大墓中一般都有成套的陶质生活器皿，这些器物大都置于二层台上，或置头部、脚部。在小型墓中，多无随葬品，少数有随葬品者也只是两三件粗劣的生活必备器皿，多放在头部一侧。

在呈子遗址中，出土蛋壳黑陶杯墓葬均为大、中型墓葬，墓中随

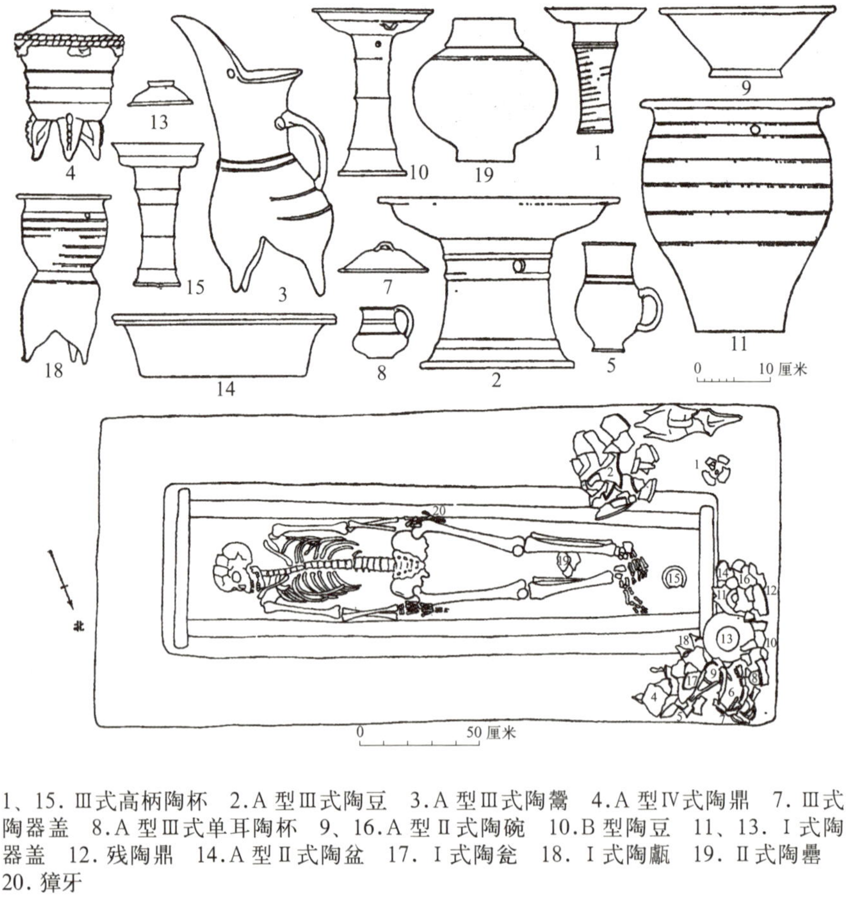

1、15. Ⅲ式高柄陶杯　2. A 型Ⅲ式陶豆　3. A 型Ⅲ式陶鬶　4. A 型Ⅳ式陶鼎　7. Ⅲ式陶器盖　8. A 型Ⅲ式单耳陶杯　9、16. A 型Ⅱ式陶碗　10. B 型陶豆　11、13. Ⅰ式陶器盖　12. 残陶鼎　14. A 型Ⅱ式陶盆　17. Ⅰ式陶瓮　18. Ⅰ式陶甗　19. Ⅱ式陶罍　20. 獐牙

呈子遗址 M32 平面图及主要随葬器物（图片摘自《山东诸城呈子遗址发掘报告》）

葬器物一般较丰富，随葬品制作精细，发掘者指出，薄胎高柄杯为特制工艺器皿，不为一般人占有，位置大多与常用陶器分开，有的放椁内，有的在腰部一侧，即使置二层台上，多数也不与一般器物混杂，反映出墓主人对高柄杯的珍爱。此外，出土黑陶杯的墓葬还多伴出有猪下颌骨，在史前时代，猪作为最常见的家畜，是家庭财富的象征。

在西朱封遗址，墓葬规模亦大小不等。出土蛋壳黑陶杯的西朱封大墓，规模巨大，棺椁俱全，随葬有精美的玉石饰件、象征权力的玉钺、鳄鱼骨板（鼍鼓）、成套的弓矢和众多陶礼器，等级之高，基本达到了史前社会的最高峰，其卓然不群的气势或许就是对王权的暗示。

蛋壳黑陶杯除了随葬于大墓之中，在随葬陶器组合上，也形成了一定之规，丧葬礼制化迹象明显。如胶州三里河遗址发掘报告中指出，在随葬陶器的组合上，可以分为两组：第一组是由鬶、小鼎、豆、小壶、壶、小罐、杯、单耳杯和薄胎高柄杯等器物组成，第二组以鬶、甗、鼎、

西朱封遗址 M202 平面图

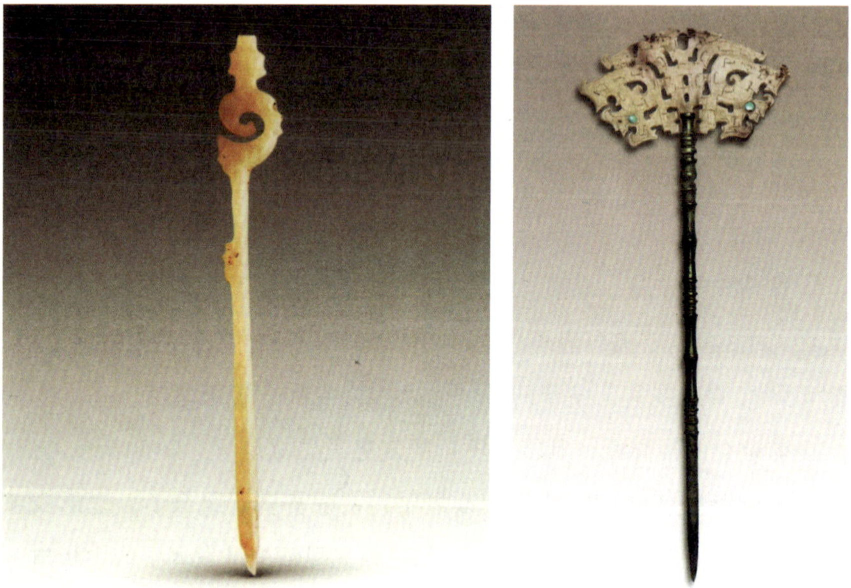

西朱封 M202 出土玉簪
（图片摘自《临朐西朱封——山东龙山文化墓葬的发掘与研究》）

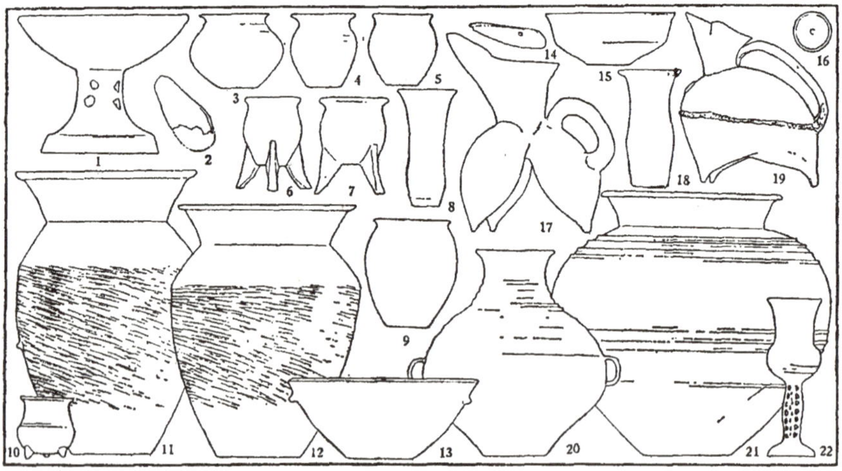

1. 豆（6） 2. 蚌匙（4） 3. 小罐（2） 4. 小罐（16） 5. 小罐（17） 6. 小鼎（15） 7. 小鼎（14） 8. 瓶（11） 9. 小罐（18） 10. 鼎（5） 11. 大口尊（9） 12. 大口尊（7） 13. 钵（8） 14. 长条形蚌器（23） 15. 钵（10） 16. 陶纺轮（22） 17. 鬶（3） 18. 瓶（13） 19. 鬶（19） 20. 壶（12） 21. 罐（21） 22. 黑陶高柄杯（1）

胶州三里河 M2112 主要出土器物组合（图片摘自《山东胶县三里河遗址发掘简报》）

豆、罐、罍、单耳杯、盂和薄胎高柄杯等器物组成。以蛋壳黑陶高柄杯为中心，另有鼎、甗、鬶、罐、盆、壶等陶器配伍，形成了一套相对固定的陶器组合，这已经初步具有了商周时期用固定组合的青铜礼器来随葬以显示其身份和地位的礼仪制度的雏形了。

总之，蛋壳黑陶杯仅出土于较高等级的墓葬中，生动反映出龙山文化社会已经出现了分层现象，财富向少数人手中汇聚，贫富分化现象明显，在当时，能拥有蛋壳黑陶杯的人非富即贵，社会地位较高。

作为礼器彰显龙山时代的文明进步

蛋壳黑陶杯的造型精美绝伦，制作工艺举世无双，但用之不便、放之不稳、碰之易碎，绝非日常使用之物。结合考古发现分析，蛋壳黑陶杯多出土于大、中型墓葬，是服务于贵族阶层的特殊器物，且在各个大墓中摆放位置特殊，在器物组合方面已经初具礼仪制度的雏形。因此，可以推断，在龙山文化时代，蛋壳黑陶杯是专门用于祭祀等礼仪性活动的陶礼器。

如此精妙的陶礼器出现在龙山文化时代绝非偶然，是龙山文化时代文明进步的表现，也是时代进步使然。回望此时的山东大地，城邦林立，已经进入“古国”阶段。作为最早确认史前城址的地区之一，山东的史前城址分布密集，已确认并经正式公布的龙山城址有10余座。比较著名的有阳谷景阳冈、茌平教场铺、滕州庄西里、临淄桐林、寿光边线王、章丘城子崖、邹平丁公、五莲丹土、东阿王集、日照两城镇、日照尧王城等遗址。多数城址的面积在十万至数十万平方米，是当时的中心聚落。不仅在山东地区，黄河流域的中上游、长江流域等地都发现了不少城址，许多专家认为龙山时代城址的普遍出现表明当时的社会可能已经进入古国时代，可与文献上的“万国时代”相印证，已经步入初期文明社会了。

在文明曙光普照的山东大地上，社会经济、政治、文化繁荣发展，农业生产水平迅速提高，手工业空前繁荣，制陶和制玉是龙山文化时代最主要的手工业部门。在龙山文化时代，各地的陶、石、玉器等手工业制品的器形高度相似，说明很多产品可能都有较高的商品转化率，像蛋壳黑陶杯这样的“高精尖”产品已经具有了专业化生产的可能性，龙山社会出现的一些专业从事经济活动的聚落可作其佐证，如诸城西杨庄子是以石器制造为主的聚落，还有莱州湾南岸可以属于制盐的聚落，等等。与高度专业化的生产相适应，龙山文化时代可能还形成了多层次复杂的贸易网络，使龙山社会成为一个开放的、因商品交流和经济发展而充满活力的时代。

除了城址出现、手工业发达，龙山时期的文明还表现在文字的出

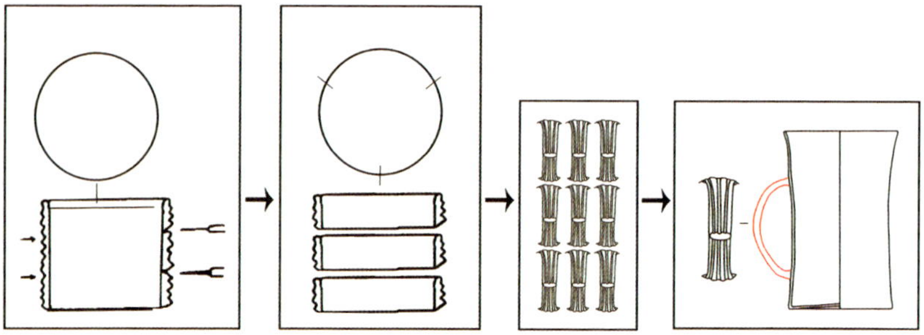

陶杯把手的制作

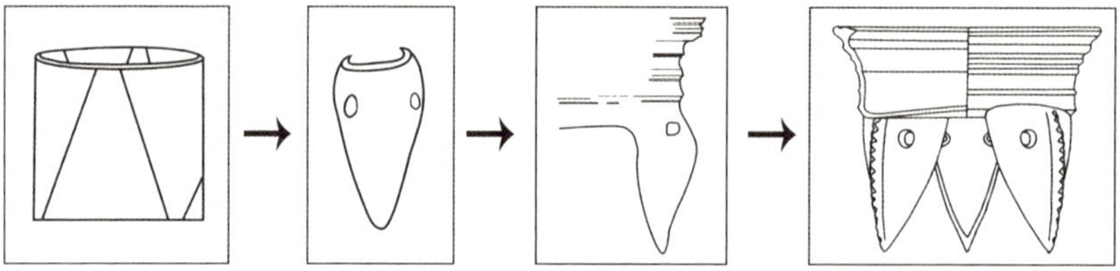

鼎足的制作

龙山文化陶器专业化生产示意图

现。早在大汶口文化时期，山东地区已经出现了刻在大口尊上的陶文。目前，共发现大汶口文化晚期的图像符号 30 余枚，约有八九种形体，分别出自陵阳河、大朱家村、诸城前寨等遗址。邹平丁公遗址位于山东邹平长山镇境内丁公村，是典型的龙山文化遗址，总面积约 27 万平方米，2001 年被公布为第五批全国重点文物保护单位。1991 年，山东大学考古专业对丁公遗址进行发掘时，发现了一座保存较好的龙山文化城址，除出土一批珍贵的黑陶器外，还发现了震惊世界的刻字陶文。文字陶片为泥质磨光灰陶，是直壁大平底盆的底部残片，于内面刻有 5 竖行 11 字。丁公陶文是我国目前发现最早的古文字，把我国文字出现的时间向前推了八九百年，对研究中国古文字的产生与发展、中华文明的起源具有重大的历史与现实意义。

继新石器时代之后，青铜时代随之崛起，青铜时代是以青铜器为代表的人类文明发展的重要阶段。有学者认为，龙山文化晚期或已迈进了青铜时代的门槛。在龙山文化遗址的考古发掘中已经多次发现小

丁公遗址出土的龙山文化陶文（图片摘自《山东大学文物精品选》）

山东博物馆藏兽面纹玉圭

件铜器，如胶州三里河龙山文化遗址的地层内发现黄铜锥型器，日照尧王城遗址发现铜渣，河南登封王城岗龙山文化遗址出土铜鬶的腹足部残片，等等，证明龙山文化后期的古代先民已经逐步掌握了制铜技术。青铜器在器形上承袭陶器，在纹饰方面较陶器有了重大突破，青铜器上常见的兽面纹，在龙山文化时代也已有所展现。现藏山东博物馆的兽面纹玉圭，是龙山文化时期最精美、最富代表性的玉器之一，征集于山东日照两城镇。这件玉圭曾断为两截，由于埋藏环境和位置不同，而呈现出不同的沁色。器身为窄长梯形，四面平整规范，较大的一端为单面斜刃。其柄端两面都雕琢纹饰。一面以连续阴刻的旋转曲线围绕目纹展开，雕琢出一张神秘的面孔，与良渚文化神徽有异曲同工之妙。另一面纹饰简单古拙，似涂鸦之作，两面纹饰风格迥异，但都庄严神秘，已经初具青铜时代兽面纹的风范了。

藏礼于器，标志着阶级社会雏形开始形成，体现了先民们对建立文明社会秩序的追求和探索，彰显了龙山文化时代的文明与进步。这一时期社会生产力获得了空前的发展，文明的曙光已经照亮了龙山时代的山东大地。

随文化更迭成为史前绝唱

大约在距今4000年之时，山东龙山文化被岳石文化代替，文化出现了一定程度的衰退。虽然岳石文化的分布范围与山东龙山文化大体一致，青铜制品出土量也较龙山文化时期明显增多，筑城技术也较前大为改进，但是从考古现象看，岳石文化遗址的分布密度、居址面积，乃至文化本身的生产、生活水平等，都远远低于龙山文化。具体到陶器生产方面，岳石文化的陶器与龙山文化的陶器相比，风格迥异，陶器造型从龙山时代的灵秀轻巧变成了“厚、大、灰、粗”，不但陶器种类明显减少，制陶技术也明显落后于龙山文化。以泗水尹家城遗址为例，该遗址龙山文化的陶器种类有56种，几乎全为轮制。而岳石文化陶器种类则减少到20余种，且相当一部分为手制。少见薄胎陶，精美的蛋壳黑陶杯更是消失不见。

对于岳石文化的衰退，学术界众说纷纭，莫衷一是。主要有战争说、洪水说和气候突变说等。持洪水说观点的学者认为，岳石文化的衰退是黄河下游河道变迁、洪水泛滥所造成的。众所周知，黄河含沙量大，极易发生决口或改道。据历史资料记载，2000多年来，黄河曾发生过大小决口、泛滥1500余次，大规模改道20余次，古籍中也有关于“大禹治水”的传说。研究者指出，黄河下游地区在距今4000年前后因黄河改道造成的大洪水，对山东龙山文化向岳石文化的衰变应有着直接联系。由于洪水的发生，黄河下游河道南移，耕地常年被淹，农业生产在相当长的时间内无法进行，人们不得不逃往外地谋生，已经没有能力再搞什么文明建设了，而刚刚步入文明时代的山东龙山文化可能就此成了历史。蛋壳黑陶杯也随之成为山东龙山文化时期的一段记忆。

龙山文化与蛋壳黑陶杯，是东夷文化文明进步的象征，经夏、商、周三代的积淀，为齐鲁文化的繁荣提供了深厚的文化滋养，历秦入汉，最终融入中华文明的大潮流中，将中华民族上下五千年的历史文化连为一系。如今，在山东各地政府的支持和民间艺人的努力下，蛋壳黑陶杯的制作工艺也被传承和发扬。在山东日照、德州等地，黑陶艺术被完美再现，并创新发展，融古典艺术与现代审美为一体，形成了富有地方特色且具有一定规模的生产体系，生动再现了龙山文化蛋壳黑陶杯的风采，使黑陶艺术在现代社会焕发出新的生机与活力。蛋壳黑陶杯工艺品已成为现代“礼器”，远销海外，向世界展示中华文化的独特与魅力。

蛋壳黑陶杯跨越时空，对接龙山与现代，接续的是中华优秀传统文化和顽强不息的民族精神，作为山东龙山文化的制陶业巅峰的代表作，蛋壳黑陶杯为山东龙山文化所仅有，是山东龙山文化的独特标识，是古东夷人智慧的结晶。其精益求精的制作工艺凝聚着古代的工匠精神，在发掘发现之初，为中华文明本土起源说正名，增强了民族自信，提振了民族精神，是国之瑰宝，更是山东人的骄傲。当人们驻足博物馆的展厅，欣赏蛋壳黑陶杯时，会产生无法言说的赞叹和由衷的感慨，这就是传统文化对人的震撼。

山东博物馆
周浩然

参考资料：

1. 杜在忠：《试论龙山文化的蛋壳陶》，载《杜在忠学术文存》，文物出版社 2014 年版。

2. 靳松安、赵新平：《试论山东龙山文化的历史地位及其衰落原因》，《郑州大学学报（哲学社会科学版）》1994 年第 4 期。

3. 俞伟超：《龙山文化与良渚文化衰变的奥秘》，《文物天地》1992 年第 3 期。

4. 方辉：《王献唐与两城镇》，《山东图书馆学刊》2009 年第 3 期。

5. 刘心健、杨佃旭：《山东临沂大范庄新石器时代墓葬的发掘》，《考古》1975 年第 1 期。

6. 张富祥：《东夷文化通考》，上海古籍出版社 2008 年版。

7. 逄振镐：《东夷文化研究》，齐鲁书社 2007 年版。

8. 田继宝：《简论龙山黑陶》，《陶瓷科学与艺术》2019 年第 3 期。

9. 孙波：《聚落考古与龙山文化社会形态》，《中国社会科学》2020 年第 2 期。

10. 吴汝祚：《山东胶县三里河遗址发掘简报》，《考古》1977 年第 4 期。

11. 山东大学历史考古专业教研室编：《泗水尹家城》，文物出版社 1990 年版。

12. 王青：《试论史前黄河下游的改道与古文化的发展》，《中原文物》1993 年第 4 期。

后记

2019年沿黄九省区黄河流域博物馆联盟成立后，博物馆如何讲好黄河故事，如何利用文物资源为社会公众更好地阐释黄河文化，成为联盟博物馆人一直思考与实践的课题。黄河流域博物馆联盟首届秘书处设在河南博物院研究部，任期期间秘书处组织联盟各博物馆（院）策划了一系列推广宣传黄河文化的活动，引起了社会广泛关注。2021年年初我们与中原出版传媒集团大象出版社讨论图书选题时，决定出版一套博物馆与黄河文化的丛书。本书策划首批由沿黄九省（区）博物馆各围绕本馆一件代表性文物展开对黄河文明的解读，重点发掘文物自身承载的中华优秀历史文化。

本书的编写得到了沿黄九省区青海省博物馆王进先馆长、四川博物院韦荃院长、甘肃省博物馆贾建威馆长、宁夏回族自治区博物馆李进增馆长、内蒙古博物院陈永志院长、陕西历史博物馆侯宁彬馆长、山西博物院张元成院长、河南博物院马萧林院长、山东博物馆郑同修馆长的鼎力支持，除了积极推荐本馆的明星文物，还推荐本馆的学者、专家来撰写文物。黄河流域博物馆联盟秘书处、河南博物院研究部副主任向祎副研究馆员、河南博物院王莉娜副研究馆员和贺传凯馆员也参与了本书的编辑工作，在编辑期间多次与各位作者进行充分沟通并编写修改，最终成此书稿。

大象出版社的相关编辑为本书的出版成书也付出了辛勤的劳动，致以衷心感谢。

编者

2021.11